데이터 사회의 명암

The Double-edged Faces of Datafied Society

조현석 엮음
이광석 · 조현석 · 윤상오 · 김상민
김동원 · 김기환 · 성욱준 · 이은미 지음

한울
아카데미

이 도서의 국립중앙도서관 출판예정도서목록(CIP)은 서지정보유통지원시스템 홈페이지(http://seoji.nl.go.kr)와
국가자료공동목록시스템(http://www.nl.go.kr/kolisnet)에서 이용하실 수 있습니다.
CIP제어번호: CIP2017020847

머리말

  우리는 데이터 과잉의 시대에 살고 있다. 이제 데이터는 전통적으로 사피엔스 인류의 과거를 기록하거나 시장의 교환 원리를 해석하는 데 동원되는 경제적 정보의 의미를 넘어섰다. 역사학자에 의해 선별된 중요한 역사의 기록에서 일상 개인의 단편적 흔적이 모두 남겨지는 생각의 축적 시대로 변화하고 있다. 유발 하라리(Yuval Noah Harari)와 같은 역사학자는 데이터가 인류의 종교이자 근본이 되는 '데이터 신권주의'(dataism)의 미래를 점치고 있기도 하다. 이는 기록의 생산과 기억의 상기가 사람만의 전유물이 아니라, 사물과 지능을 공유해야 하는 시기로 접어들게 된 것을 상징한다. 데이터 신권주의는 바로 사물의 지능이 인간의 지능을 뛰어넘는 '특이점'(singularity) 통과의 시점이자, 데이터 알고리즘이 우리의 일상을 지배하는 가까운 미래를 뜻한다.

  이미 우리는 스마트폰을 이용한 소통보다 데이터의 생산과 소비에 더 많은 시간을 할애하고 있다. 우리가 몸으로부터 매일 배출하는 데이터의 양은 이제까지 인류가 누적해온 역사의 기록량을 갱신하고 있다. 언어와 시각 정보는 물론이고 모든 생체, 의식, 감정, 주목, 시선, 태도, 느낌, 발화, 터치 등이 디지털로 기록되어 광대한 데이터 흐름을 만들고 이를 알고리즘으로 분석해 체제를 관리하는, 바야흐로 새로운 '데이터 사회'(datafied society) 현실로 진입하고 있는 것이다.

데이터의 생산, 저장, 기억의 과정이 거대한 파고를 만들어내고 있다. 이 책은 데이터 파고가 자본주의 변화를 어떻게 유인할 것인지, 데이터 과잉 국면에서 저장매체가 어떻게 권력의 장치가 될 수 있는지, 데이터 기술을 통한 화용론의 가치 등등을 살펴 볼 것이다. 즉, 그것이 한국 사회에 깊게 각인된 자본과 권력의 기제, 형식과 어떻게 마주치는지를 자문자답(自問自答)해본다. 마찬가지로, 이들 기업과 권력의 요청에도 불구하고, 사회가 이를 통해 돌파하고자 하는 데이터 적용 현실의 긍정적 함의를 살피는 것 또한 놓치지 않고자 한다.

이 책은 데이터 사회를 역사적·정치학적·사회학적·문화이론적·연구방법론적 시각에서 종합적으로 분석하고자 했다. 그동안 사회과학에서 데이터는 주로 경제적 가치로서 분석의 대상이었지만, 이제는 사회 이론과 실제를 보다 깊이 있게 파악하는 새로운 연구대상이자 학문 영역으로 삼아야 할 때라고 본다. 이를 위해 아직은 섣부르지만, 이 책의 공동 집필자들은 새로운 유형의 사회에서 가능한 명암을 살피는 일을 시도하려 한다.

책의 구성은 총 3부로 나눠 데이터 사회의 명암을 살펴본다. 먼저 1부에서는, '4차 산업혁명과 데이터 사회의 도래'를 다룬다. 여기에서는 데이터 사회와 4차 산업혁명의 특징, 동시대 신인류인 데이터 주체를 살피고, 거시적으로 국가 간 경쟁에서 나타나는 데이터 감시와 디지털 보호주의에 관해 논한다.

이광석은 먼저 1장에서 오늘날 데이터 사회에서 어떻게 데이터 주체가 형성되는지를 살펴본다. 그는 오늘 이 시대를 '데이터 사회'로 규정하는 이유를 두 가지로 정리한다. 하나는 데이터 과잉 혹은 빅데이터의 조건을 언급한다. 달라진 것은 많다는 것이 문제가 아니라 인간이 내뿜는 매일의 감정과 정서의 흐름 데이터 그리고 인간의 생체리듬을 데이터로 전환해 양산하는 것이 오늘날 현실이다. 누군가의 발화 이전에도 머릿속 정서와 표정이 즉각적으로 데이터가 되어 이미 소셜웹에 떠돈다. 그는 동시대 사피엔스종이 이러한 데이터 흐름에 맞춰 정보생체기계로 점점 진화하고 최적화한다고 본다. 휴대폰이 인간 몸 안으로 숨어들고 홍채인식 등 생체 정보와 하나가 된다. 또 하나는, 알고리즘이다. 이는 데이터를 분석하는 명령어 프로그램이자 데이터 쓰나미를 영리하게 분석하는 자동기계이다. 대중의 데이터 활동으로 먹고사는 '플랫폼' 시장 장치들은 이들 데이터와 알고리즘이 구성하는 새로운 기계 질서에 의존한다고 할 수 있다. 그는 이들 데이터와 이를 분석하는 알고리즘 장치들이 오늘날 자본과 권력에 여하한 새로운 질서를 구성하는 데 신통치 수단이자 생산력이 되고 있다고 말한다. 그러면서 그는 누리꾼 데이터 활동의 플랫폼 독점이나 데이터 과잉에 기댄 신종 통치 행위에 맞서 동시대 시민 자율의 대항 기획들을 준비해야 한다고 주장한다.

조현석은 2장에서 데이터 사회의 기술적 국면, 특히 빅데이터 발전과 인공지능의 새로운 기술적 도약으로 열린 데이터 감시와 데이터 보호의 이슈를 새롭게 조명해야 할 필요성을 제기하고 있다. 인공지능-알고리즘-데이터의 결합은 감시 기술의 발전에 크게 기여하고 있다. 예를 들어 얼굴인식 기술, 음성인식 기술, 생체인식 기술이 크게 발전해 분별의 정확도가 인간 능력 이상으로 향상되었다. 지능(intelligence)의 향상뿐만 아니라 사회정치적 결정과 판단을 할 수 있는 인공지능의 개발도 시도되고 있다. 그는 이러한 기술발전이 데이터 감시의 능력, 형태, 방법을 현저하게 변화시키고 있고, 데이터 보호, 즉 개인정보보호에 더 큰 도전을 제기한다고 본다. 그는 국제관계에서 더 문제되는 것은 주로 공공적 목적을 띠고 이루어지는 국가에 의한 데이터 감시라는 관점으로 접근한다. 물론 국가 감시도 기술, 인력, 기업 보유 데이터 제공의 측면에서 기업과의 밀접한 협력을 통해 이루어진다. 이러한 국제 디지털 환경 속에서 데이터 감시, 테러 방지, 국가안보, 디지털 경제 주도, 4차 산업혁명, 사이버안보, 프라이버시, 빅데이터와 같은 개념들을 어떻게 묶어낼 수 있을까? 이 개념들을 어떻게 분류하고 큰 틀에서 설명할 수 있을까? 그는 2장에서 이러한 문제의식을 탐색하고, 글로벌 디지털 변화를 이해하며, 이러한 변화가 한국에 어떤 함의를 지니는지 검토한다.

1부가 데이터 사회의 개념화, 빅데이터 감시, 프라이버시의 새로운 정세 국면을 살핀다면, 2부와 3부는 데이터 사회의 명암을 실제적으로 깊게 들여다보고 있다. 먼저 2부에서는 데이터 사회가 가져올 음울한 풍경들에 관한 고찰이다.

먼저 윤상호는 3장에서 데이터 기반 인공지능 시대에 필수적인 윤리 문제에 주목한다. 데이터 기반의 지능정보 사회는 필연적으로 다양한 부작용들을 양산할 수밖에 없다. 단순한 기술일수록 부작용과 문제를 파악하기 쉽고, 복잡하고 첨단화된 기술일수록 부작용과 문제를 파악하기 어렵다. 세상에 완벽한 기술은 없고, 항상 부작용과 문제를 가질 수밖에 없으며 피하는 것도 불가능하다. 그는 방대한 시스템과 네트워크를 연결해 데이터들을 무한대로 수집하고 이를 복잡한 알고리즘에 따라 분류·분석·추론해 지능화된 서비스를 제공하는 데이터 기반 지능정보 기술은 우리의 예측을 벗어나는 부작용과 문제를 얼마든지 만들어낼 수 있다고 전제한다. 하지만, 우리는 기술의 발전과 그것이 가져올 긍정적 효과에만 눈이 멀어 그 이면에 있는 다양한 부정적 측면과 문제들을 간과하고 있는지 모른다. 특히 이러한 부작용들이 개인의 사생활이나 인권을 침해하거나, 시민들의 생명을 위협하고 자유를 억압하고, 개인에게 경제적·사회적 손실을 초래한다면 이는 간과할 수 없는 일이다. 그럼 어떻게 해야 할까? 그는 법과 제도를 통한 대처에 한계가 있다고 본다. 법·제도는 기술 발전을 따라갈 수 없고 지체 현상은 필연적이다. 법·제도가 다양한 분야에서 발생하는 수많은 문제들을 다 포괄하는 것도 불가능하다. 법과 제도가 담당하는 영역은 필요 최소한의 필수적인 영역이 될 수밖에 없으며, 나머지 부분은 결국 윤리의 영역으로 남게 된다. 3장에서 그는 데이터 기반의 인공지능 기술을 개발하고 활용하기에 앞서서, 그것이 초래할 부작용과 데이터 윤리 문제를 살펴보고, 이것을 방지하기 위한 사회적 안전장치 등 대안을 모색할 것을 우리에게 권고한다.

김상민은 4장에서 실제 '자기-기록'(self-tracking)이란 개념으로 데이터와 생체기계의 결합 양상을 밀도 있게 그려낸다. 일반적으로 우리는 자기-기록 혹은 자기-추적이란 것을 디지털 웨어러블 장비 등을 통해 건강과 생체리듬의 데이터를 측정하고 기록하고 분석해 신체에 피드백을 전달하는 활동으로 알고 있다. 하지만, 그는 본질적으로 자기-기록이 대단히 자발적인 과정으로 이뤄지며, 신체의 기록은 마치 자동화 공정과 흡사하게 신체로부터 데이터 배출이 매 순간 이뤄진다는 점을 지적한다. 무엇보다 그는 그렇게 배출된 신체 데이터 기록의 행방에 대해 어느 누구도 별로 아는 것이 없다는 데 자기-기록의 문제가 발생한다고 본다. 자발적인 자기-기록의 신체 활동이 또 다른 이면에서 자본과 권력에 의해 강제되고 착취된 데이터로 유용될 수 있음을 전제하고 있다. 결국 그는 데이터 주체란 자기-기록을 수행하거나 활동하는 것으로 비춰지지만 기실 자본주의 생산관계 속 데이터 생산노동을 행하는 '포스트 휴먼' 주체로 전락한다고 말한다. 결국 우리는 디지털 자기-기록이 구성하는 새로운 질서를 억압의 지배적 도구에서 해방의 기술로 전환할 때만이 수동적 '데이터-주체'의 불운한 운명을 극복할 수 있을 것이라 그는 내다본다.

김동원은 5장에서 데이터 사회 플랫폼을 기반으로 형성된 담론, 자본, 노동의 문제를 각각 집요하게 물고 늘어진다. 우선 그는 플랫폼과 노동이 실물경제에 미치는 영향과 마찬가지로 담론 수준에서도 기존 비지니스와 다른 차별성을 부각시키는 이데올로기적 효과를 지닌다고 본다. 즉, 그는 플랫폼 경제의 수준을 '담론으로서의 플랫폼'과 '자본으로서의 플랫폼'으로 나누어볼 것을 요청한다. 그가 보기에 담론으로서의 플랫폼은 겉보기에 기술적 "개방, 중립, 평등, 그리고 진보의 키워드"들을 내세우나 기실 통제와 차별을 은폐하는 담론 효과를 만들어낸다고 본다. 다른 한편 자본으로서의 플랫폼은 "이용자/소비자에 대한 통제와 함께 콘텐츠 공급자에 대한 통제를 통해 이윤을 창출"하는 브로커 역할을 주로 한다. 그는 플랫폼이 이렇듯 혁신의 이데올로기 효과와 커뮤니케이션 매개형 착취를 동시에 발휘하는 장치가 되고 있다고 판단한다. 이어서 그는 플랫폼을 경유하는 노동의 문제에서 이용자 데이터 노동 통제의 문제뿐만 아니라, 플랫폼 그 자체를 지탱하는 수많은 데이터 큐레이터, 알고리즘 개발자, 어뷰징 기사 작성 노동자, 메커니컬 터크 노동자 등 플랫폼에 고용된 다수의 하층 좀비 노동자군을 주목해야 한다고 말한다. 그는 이들의 급격한 증가와 노동 강화 현상이 자유롭고 창의적인 닷컴 경제의 신화와 달리, 역설적으로 위기에 처한 자본이 플랫폼을 매개해 비정규직 청년 노동자들의 불안정성을 흡수하는 마지막 흡혈 과정이자 자본주의 시초축적의 모습으로 봐야한다고 말한다.

　　2부에서 데이터를 매개해 발생할 수 있는 데이터 윤리, 자기기록,

플랫폼 수탈과 같은 데이터 사회의 어두운 측면을 언급했다면, 3부의 내용은 그럼에도 불구하고 여전히 데이터 기술을 매개한 화용론이 현실에서 건재하다는 점을 일깨운다. 즉, 3부는 데이터 사회의 새로운 가능성들에 대한 논의다.

김기환은 6장에서 데이터 활용에 관한 문제제기를 시작으로, 데이터 활용과 보호 사이 좀 더 균형 잡힌 접근 방안을 모색한다. 최근 들어 데이터는 양적인 대용량화와 질적인 변화를 겪으면서 중요성을 더해가고 있다. 이른바 데이터로 매개된 디지털 혁명은 저장매체의 대용량화, 저장 비용의 절감, 데이터 수집 및 저장 기기의 소형화와 보편화된 소유 행태 등 양적인 대용량화에 기여하는 요인들이 작용한 결과이다. 이와 함께 인간 생활의 다양한 측면을 나타내는 정보들이 의식적으로 혹은 무의식적으로 생산, 유통, 기록, 저장되면서 정형화된 자료뿐 아니라 사진, 음악, 동영상, 위치정보 등 정형화되지 않은 자료까지 데이터로 축적된다. 그는 양적인 측면에서의 대용량화가 질적인 변화를 견인하게 되는데, 과거와 전혀 다른 대규모의 분석 데이터는 이의 포괄성 및 대표성, 그리고 보다 정확한 분석 결과와 예측력 등을 가져올 수 있다고 본다. 데이터에 관한 이 같은 관점에서 그는 급속도로 증가하는 데이터 활용의 필요성을 언급하고, 이에 대한 활용과 보호가 충돌하는 원인을 다양한 시각에서 분석한 후 양자의 균형적 관점에서 이용자의 안전하고 편리한 활용을 위한 방안, 관련 제도나 정책 등을 고찰한다.

성욱준은 7장 논의에서 빅데이터를 이용한 선거가 혁명인지 유행인지의 모호함에서 출발한다. 그는 21세기의 원유라 불리는 빅데이터가 기존 데이터의 수집·저장·관리·분석의 수준을 넘어서 대량의 정형 또는 비정형 데이터를 생산하고 이를 통해 새로운 가치의 원동력이 되고 있다고 전제한다. 언제 어디서나 인터넷으로 연결된 초연결사회의 도래는 사람들이 생성하는 데이터 외에도 센서 네트워크를 통해 사물들 간 생성하는 사물인터넷(IoT: Internet of Thing) 생태계를 통해 더욱 확산되고 있다. 빅데이터를 사용한 빅데이터 분석은 개개인의 생활 영역에서뿐만 아니라 정치, 경제, 행정, 문화 등 전반에 걸쳐 큰 변화를 일으키고 있다. 빅데이터를 통한 구글의 독감 예측, 서울시 심야버스나 SNS 분석을 통한 맞춤형 광고 등과 같은 빅데이터를 활용한 다양한 서비스 개발과 보급, 2012년 미국 대선에서 적극적인 소셜 데이터 활용 그리고 2016년에 영국의 EU 탈퇴 투표와 미국 대통령 선거 예측을 둘러싼 빅데이터 분석까지 데이터 활용 분야가 점점 더 넓어지고 있다. 그는 이 같은 경험들과 함께 실제 데이터 분석 결과를 통해 현실과 사회현상을 해석하는 사례인 선거 예측을 살펴본다. 다만, 그 방법이 여론조사이건 아니면 빅데이터 분석이건, 가장 중요한 것은 유권자들의 마음을 헤아리고 이를 해석해내는 것임을 역설한다.

마지막 논의를 이끄는 이은미의 8장은 지능정보 사회에서 끊임없이 양산되고 있는 비정형 데이터에 관한 논의다. 분석 대상 자료가 무한대로 축적되고 있는 빅데이터 시대의 도래는 사회과학 연구에 있어서 새로운 도전이자 기회이다. 자료 규모가 거대해 연구자의 지적 능력에만 의존하기에는 한계가 있으며, 자료 구성 역시 복잡하고 다양하여 더 높은 수준의 연구 통찰력을 요구한다. 그래서, 이은미는 빅데이터 시대에 걸맞은 자료 탐색, 연구방법을 모색해야 한다고 본다. 구체적으로 제도 연구에 있어서 텍스트 마이닝의 컴퓨터 연산 방법이 활용 가능한 것인가를 탐색적으로 살핀다. 또한 텍스트 마이닝 방법으로 개인정보보호 제도의 내생적 변화를 추적했고, 이를 시각화하는 노력을 통해 동태적 양태를 묘사하는 과정을 취한다. 연구 주관성에 의존할 수 있는 시기 구분을 보다 객관적 방식으로 개념화하는 방안도 시도했다. 비정형 데이터 분석을 통해 제도 분석의 탈주관화에 근접할 수 있는 방안을 찾고자 한 것이다. 결론적으로 이은미는 향후 비정형 데이터가 계속적으로 축적될 경우에 이를 사회 과학적으로 어떻게 활용하고 분석할 수 있는지에 대한 탐색적 성과로서 논의의 의미를 두고 있다.

이 책은 SSK 스마트지식사회연구단의 공동연구로 보면 다섯 번째 리서치의 산물이다. 이제까지 스마트지식사회연구단의 연구원들은 지능정보 사회의 명암에 대한 연구를 데이터의 정치경제학과 위험 정보사회란 개념적 틀과 관점으로 풀어가는 과정에서 다양한 연구 결과물들을 발표했고, 이러한 연구 내용들을 선별해 묶어 총서로 출간해왔다. 다른 한편으로, 이 단행본은 『빅데이터와 위험 정보사회』 (2013)의 후속 연작이기도 하다. 첫 권이 위험정보 사회에 대한 집중적 논의에 머물렀다면, 본격화된 데이터 사회의 특징과 징후를 독해해 이의 가능성과 함께 그것의 문제점을 양가적으로 살펴보는 데 이

번 북 프로젝트의 차이가 있다. 부디 이 책이 데이터로 가득한 테크놀로지 근 미래를 앞두고 부표 없이 표류하는 이들에게 미래 삶을 이끄는 작은 통찰을 줄 수 있기만을 바라는 마음뿐이다.

2017년 8월
스마트지식사회연구단 집필진 일동

차례

제1부

4차 산업혁명과 데이터 사회의 도래

The 4th Industrial Revolution and the Birth of Datafied Society

데이터 사회와
데이터 주체의 형성

이광석

1. '데이터' 혁명?

이 글은 새로운 사회 국면을 만들고 자본주의 경제의 대규모 재편을 몰고 오는 또 다른 사회적 생산력의 원천, '데이터'의 문제를 호출한다. 아날로그 세계와 디지털 세계 모두에서 우린 매일매일 거대하게 뿜어져나오는 데이터의 쓰나미 속에서 살아가고 있다. 이로부터 점점 커지는 난제는, 소셜웹이나 채팅 등을 통해 감당할 수 없을 만큼 늘어나는 데이터의 범위와 크기이다. 아날로그의 디지털화라는 기록과 저장의 명제는 옛 일이 됐고, 이제 가치는 자가 증식하는 비정형 데이터들의 거대한 집합에서 마련된다. 현대 경제학자들은 이를 '빅데이터'란 말로 명명하고 그것의 가치를 칭송하고 있다.

오늘날 데이터 생산에서 가장 크게 달라진 측면은, 국가가 전통적으로 관리하는 대국민 정보의 범위를 넘어서는 정제되지 않는 대중의식과 감정의 흐름(정동, affect)이 데이터로 생산되는 것이다. 특히 감정과 욕망의 흐름을 즉각적·즉자적으로 데이터 공간에 배설하거나 서로 속닥거리고 주고받음으로써 생성되는 비정형 데이터들이 과거 인류 문명의 족적만큼이나 거의 매일 디지털 공간에 배출된다. 게다가 매일매일 계속해서 자동적으로 생성되는 '신체기록'(life-logging) 등 인간들 개개인이 배출하는 생체 정보들의 양산 또한 우리가 다룰 수 있는 데이터 스케일을 넘어선다. 스마트 피트니스 워치나 웨어러블 기기 등 디지털 헬스케어로 상징되는 '생체기계' 그리고 소셜웹과 휴대폰 등으로 매개되는 이동형 '정보기계'에 의해 만들어지는 '데이터 배설'(data exhaust)[1]의 향연은 과거 인류 그 어떤 시대의 지적 대사량을 압도한다.

이제 기업들은 상징 언어 분석이나 서베이 등 전통적 소비자 집단의 조사에서 쓰이는 '죽은' 데이터만을 다루는 것에 회의적이다. 그보다는 상징 언어가 교환되기 이전에, 즉 특정 담론이 형성되기 이전에 인간들이 뇌로 느끼고 감응하고 손끝에서 디지털로 전환하는 감정의 실시간(real time-based) 정보 흐름의 정서 데이터가 기업에 더 중요해진다. 예컨대, 아마존은 이제 소비자의 책 추천 기능을 서

---

1 '데이터 배설'이란 말은 *The Economist* 특집 기사에서 거의 최초로 언급되었다. 이 기사는 데이터 배설을 "가치로 추출될, 인터넷 이용자들이 남긴 클릭의 족적들"이라 정의한다. *The Economist* 특집 기사는 이후 주류화된 빅데이터 논의의 도화선이 된다. 13여 쪽에 걸쳐 빅데이터 기반형 경제의 새로운 국면을 정리한 글이다. "Data, data everywhere: A special report on managing information," *The Economist*, February 25, 2010. http://www.economist.com/node/15557443

비스하기 위해 소비자의 구매 패턴이라는 외형적 소비 추이를 관찰하지 않는다. 오히려 전자책 리더인 킨들(Kindle)을 읽으며 형광펜으로 밑줄 치고 있는 구독자 마음의 데이터를 모아 저 멀리 떨어진 클라우딩 서버에 저장하고 이를 '알고리즘'[2] 분석을 통해 그만의 정서적 내면과 취향을 추적하려 한다. 더불어 지식 생산은 비판적 토론과 숙의 과정보단 집합지성을 통한 데이터 버그 오류의 기계적 수정 과정에 가깝다. 예로, 애플은 시리의 음성인식 명령 기능을, 구글은 자동 번역과 오탈자 오류 수정과 자동 완성 기능을 향상시키기 위해 이용자의 특정 발화 방식들을 모으고 넷에 흩어져 있는 다른 이용자의 번역어나 자주 사용하는 단어 데이터를 한데 모아 이로부터 음성 명령어와 오류 수정의 표준 데이터 질서를 세우려 한다.

오늘 우리가 눈여겨보는 데이터는 기존의 공식적 지식과 상징적 질서에서 논의되었던 최소 의미를 구성하는 의식 단위들이 아니다. 오히려 이는 인간 내면의 은밀한 감정과 표정의 비정형적 흐름이 치환된, 특정 패턴 분석을 기다리는 새로운 형식값에 가깝다. 이들 데이터는 굳어져 공식화하고 객관화된 지식을 구성하는 요소라기보다

---

2 파스퀴넬리의 정의에 따르면, "알고리즘(순서도, 코드, 유사코드에 표현된 방식들 또는 일련의 단계들)은 소프트웨어의 작동법을 압축적으로 보여준다. 알고리즘 없이 소프트웨어를 개념화하기는 어렵다"(연구공간L, 2012: 185). 즉 알고리즘은 소프트웨어의 골격이고 데이터베이스로부터 유효한 결과나 패턴을 추출하는 명령 체계로 정의해 볼 수 있다. 자세한 그의 논의는 『자본의 코뮤니즘, 우리의 코뮤니즘: 공통적인 것의 구성을 위한 에세이』(2012, 난장)을 참조.

는 끊임없이 갱신되고 조합될 운명의 불안정한 지위의 것이다. 데이터는 이전에 역사 속에서 배제되었고 한때 비가시적 영역으로 밀려나 암묵적 홀대를 받았던 것들이다. 데이터는 이제 자본의 가치 기제를 떠받치는 새로운 비물질 에너지인 동시에 대중의 사회적 지식 혹은 '일반지성'(allgemeiner Verstand)이고, 이는 사회적 가치의 무한한 복제와 공유의 힘을 지닌 것이기도 하다.

이 글에서 '데이터 사회'는 데이터가 현대 자본주의 가치 생산의 중심 추동력이 되고 데이터 알고리즘(프로그램된 명령어)을 통해 통치와 자본의 다이어그램을 조절하는 신종 기술사회를 일컫는다. 즉, 겉보기에 대중은 온라인에서 꿀벌처럼 자유로운 데이터 '화수분'(pollination) 활동을 하는 듯 보이지만, 그 뒷단에서는 데이터 가치 생산을 위해 일반지성이 포획되어 플랫폼 경제의 독점적 수취가 작동하는 인지자본주의 사회인 것이다. 다른 한편으로, 이런 데이터 사회는 외적 세계와 관계를 맺으려는 대부분의 인간과 사물 정보, 상징의 교환, 의식과 감정의 흐름(정동, affect)이 데이터 조각으로 생성, 치환되어 대기와 정보망을 따라 끊임없이 흐르는 현실의 전자 네트워크의 물질적 조건을 가정한다.

데이터 사회에서는 데이터 과잉으로 인해 상징 교환의 효율성이 급격히 떨어지거나 거의 소멸되면서 외려 직접적인 감정(feeling), 정서(emotion)의 흐름, 생체 데이터의 흐름이 가시적 담론의 질서보다 더 관찰 대상이 되고 중요해진다. 여기저기 디지털 데이터로 전화된 들끓는 정동과 생체리듬 정보가 주체 관리의 새로운 대상이 된다.

이 글은 이 모든 담론-정서-생체리듬이 데이터가 되고 특정 권력과 자본이 개발한 알고리즘 기술에 의해 쉽게 소환되어 특정의 목적에 따라 분석될 운명에 처하는 변화된 현실의 조건을 살핀다. 무엇보다 이 글에서는 먼저 동시대 기술의 조건을 '데이터 사회'라 언급할 만한 특성이 과연 무엇인지를 구체적으로 살펴보려 한다. 데이터 과잉이 만들어내는 '멋진 신세계'에서 우울함이 크게 감지된다면 이제 이것의 돌파구를 찾는 것이 옳은 수순이다. 맺는 글에서는 데이터 사회를 제어할 수 있는 대항 장치의 구성을 제안한다.

2. 데이터의 신세계, 기-승-전-데이터

오늘날 인간은 직접적으로 발화하며 데이터를 생산하고 남기기도 하지만 즉각적인 감정, 정서 반응, 표정을 담아 바로 이를 디지털 벽에 흔적으로 새기기도 하고, 그저 그곳 그 자리에 머물러 있는 몸뚱이라 하더라도 공간 위치 정보 등 거의 모든 것이 전자 데이터로 전환된 생체 데이터를 매순간 자가 발산하기도 한다. 언어로 발화하지 않는 육신 또한 데이터로 계속해서 우리에게 말을 건네는 셈이다. 정동과 감정 데이터 생산의 경우에 특이 사항은 누군가의 정서적인 반응이나 생체리듬이 별다른 사유 없이 즉각적으로 전자 회로를 거쳐 데이터로 분출되어 상징 언어로 각인되는, 단축된 미디어 경로가 생겼다는 사실이다. 다시 말해, 데이터 사회는 전통적인 인간 상징 언어를 통한 담론적 발화나 상징 교환 데이터뿐만 아니라 신체를 둘러싼 분위기나 감정선의 분출 데이터 그리고 신체의 생체리듬과 시·공간 정보 등에 대한 자가 생산된 데이터가 매순간 상호 뒤섞이는 국면에 있다. 현대 권력의 기획은, 다름 아닌 이 세 층위, 즉 담론의 층위, 정서적 감응의 층위, 신체정보 층위의 데이터 각각을 정제해 데이터 뱅크에 기록하고 해독하며 원하는 방식으로 다룰 수 있는 통제 능력을 배양하는 데 머무른다.

인간이 활동을 통해 만들어내거나 자연 생성된 데이터들을 수집해 실시간으로 갈무리하고 배양하는 곳을 우린 '플랫폼'이라 말한다. 플랫폼은 누리꾼들이 머무는 정거장이자 데이터가 모이고 읽히고 배양되는 곳이다. 물질경제에 비유해보자면, 플랫폼이란 이를테면 누리꾼들로 와글거리는 상가 임대지와 흡사하다. 플랫폼 상가 소유주는 누리꾼들이 놀 전자 공간과 서비스 아이템만을 구비한 채 계약에 임할 입주자들을 불러 모은다. 흥미로운 점은 대부분의 입주조건이 자유계약에다 입주 비용조차 없다는 사실이다. 상가 임대인은 미래 임차인들에게 입주 계약이 '공짜'라고 외치며, 정말로 입주자와 이용자에게 차별 없이 놀 자리를 깔아주고 서비스까지 제공한다. 은유적으로 보면, 임차인은 그날그날 꿀을 채집해 플랫폼 벌통에 채우는 본능의 일벌과 같다. 누리꾼들은 상가지에서 데이터 활동을 자발적으로 수행하며 유사노동과 흡사한 가치 기제에 편입되고 포획된다. 위키피디아 등 누리꾼의 화수분 활동은 디지털 생태계의 일반지성이자 사회적 가치 증여의 과정이기도 하지만, 대부분의 임차인 꿀 수집 작업은 플랫폼 업주의 몫이 되고 사적 이윤이 된다.

데이터의 무차별 포획과 배양이 이뤄지는 플랫폼 지대 장치는 오늘날 흔한 광경이 되었고 그 범위도 전 지구적이다. 네이버와 구글은 메일, 클라우드 등 온라인 서비스의 외양을 갖고 누리꾼들에게 임대지를 자유롭게 분양하면서 글로벌한 플랫폼 임대인으로 나선다. 유튜브, 트위터, 인스타그램, 페이스북 등의 플랫폼에서 우린 매일의 일상을 찍어 올리고 퍼나르고 쓰고 누르고 반응한다. 우린 이를 바깥 세계 익명의 누군가와 데이터를 '공유'(sharing)한다고 말하지만, 그것은 우리의 가치로 머물지 [공통 자산화(the commons) 혹은 시민 자산화되지] 못한다. 데이터의 세계에서 이들 전 지구적 플랫폼 소유자는 해당 임차인들이 소작하면서 행하는 적극적 쓰기와 찍어 올리기부터 미세한 감정의 반응와 생체 정보까지 자신의 사적 재산으로 만들고 자원화한다. 벌꿀은 자연 생태의 회복력을 위한 것이 아니라 양봉을 치는 플랫폼 업자의 것이 된다.

온라인 세계에서 시민의 신체 데이터를 흡수해 사유화하려는 플랫폼 경제의 논리는, 현실 물질계 비정규 프리랜서 노동자들의 노동력과 자산 가치까지도 함께 포획하는 데까지 이른다. 예컨대, 우버(자동차), 에어비앤비(잠자리), 태스크래빗(서비스 노동) 등 '공유경제', '협력경제'(collaborative economy) 혹은 '비정규직 경제'(gig economy)라 불리는 온라인 플랫폼 업자나 브로커들의 최근 사업 유형이 이에 해당한다. 이들은 온라인 플랫폼을 통해 개인 프레카리아트(임시직 노동자, precariat)의 노동과 자산 등을 이용자 고객들과 일대일로 직접 매개해주고 플랫폼 매칭 임대료 수익을 독과점하려 한다. 온라인 기반형 플랫폼이 누리꾼들의 활동과 정동으로부터 나오는 무한한 데이터를 포획하고 수취해 이윤을 창출하는 반면, 후자의 온·오프라인 플랫폼은 일상을 영위하는 임시직 노동의 땀을 수탈하는 신종 인간시장의 브로커들로 거듭난다. 그렇게 오늘날 플랫폼에서 이용자들의 협업적 가치는 기하급수적으로 증가하는 반면, 소유와 통제는 소수에게 집중되면서 새로운 형태의 불평등과 모순이 증폭한다.

대체로 이용자의 데이터 활동이 노동이 되는 과정은 플랫폼 뒷단에서 벌어지는 기계적 가치화, 구체적으로는 '알고리즘적' 가치화 과정 안으로 들어갔을 때에 가능하다. 특정의 목적으로 분석되기 전 이용자의 데이터 덩어리들은 그저 가치 생산을 위한 재료나 땔감에 해당한다고 볼 수 있다. 클라우드 데이터 뱅크에 실시간으로 축적되어 쌓여가는 데이터들은 대부분 이와 같은 무작위 데이터들이다. 동종 플랫폼 안에서도 가치화 기제는 다양하다. 예를 들어, 네이버의 지식iN은 플랫폼 내 저작권 적용을 통해 누리꾼의 데이터 생산을 플랫폼 업자가 수취해가지만, 구글의 경우에는 저작권과 반대 방향에서 콘텐츠 개방을 통해 이윤의 수취를 벌이기도 한다. 구글 검색, 구글 스콜라, 구글 도서 등에서 보이는 것처럼, 플랫폼 업자는 데이터를 저작권으로 보호하기보다는 자신들이 구축한 데이터 뱅크를 개방하는 구조로 이용자들을 모집하고 이들의 정보 추구 행위로부터 지대 이윤을 수취하는 방식으로 가기도 한다. 이 때 구글 등이 취하는 데이터의 '개방'이란 공공재나 공유재적 차원의 것이라기보다는 일시적인 데이터 사유재 놀이터의 내부 공개 정도로 봐야 한다.

대부분의 플랫폼은 이용자들의 데이터 활동을 이윤으로 가치화하기 위해 특정의 알고리즘을 짜서 이를 가동시킨다. 알고리즘은 대중이 뿜어내는 실시간 데이터 군집들을 '시맨틱한'(semantic)[3] 방법으로 가공 처리해 가치를 생산하는 기계이다. 네트와 허공을 떠다니는 데이터의 가치화 정도는 대체로 플랫폼 업자들이 운영하는 알고리즘을 얼마나 정교하게 짜는가에 달려 있다. 알고리즘은 이 점에서 데이터를 특정의 명령으로 부르는 '영매'(medium)와 같다. 알고리즘은 바로 이렇게 저장된 데이터와 데이터의 무한한 생성과 유입 그리고 이 데이터들의 관계로부터 '특정 경향을 발견하는 행위'(패턴인식, pattern recognition)에 이용된다.[4] 하지만, 이 같은 과정 대부분이 플랫폼 장치 뒤에서 벌어지고 있기 때문에 데이터 이용자이자 생산자인 우리들은 자신의 데이터 지대로부터 어떻게 이윤이 가치화하는지를 파악할 수 없는, 알고리즘 '암흑상자'(블랙박스)의 무지 효과에 빠진다.

---

3 웹 환경에서 '시멘틱'한 가치는, 이용자가 마우스나 키보드의 동작을 통해 정보를 찾고 확인하는 과정을 넘어서서, 컴퓨터 기계가 이해 가능한 언어로 표현됨으로써 디지털 기계 스스로 이해하고 논리적 추론을 행하고 기계끼리 소통하는 지능형 웹 상황에서 발생한다.

4 Pasquinelli, Matteo. forthcoming. "Metadata Society." Rosi Braidotti and Maria Hlavajova(eds.), *Posthuman Glossary*. London: Bloomsbury.

3. 데이터 주체의 형성

오늘날 기술 혁명의 색인 목록을 보자. 스마트폰(스마트 사회), 빅데이터(알고리즘 사회), 공유경제(한계비용제로 사회), 유전학, 나노기술과 로보틱스가 공명해 창조하는 이른바 'GNR 혁명' 그리고 IoT(사물인터넷), 제작문화, 인공지능에 기반을 둔 제4차 산업혁명(초연결사회) 등이 진작부터 거론되고 있다. 사실상 이들의 모든 밑바탕에는 데이터의 흐름이 가로지른다. 장차 두려운 것은 이들 거대 기술의 총합에 의해 만들어지는 '어벤저스'급 물리적 위압이 아니다. 실제 두려운 것은 인간이 공통으로 만들어내는 사회적이고 공유지식의 가치인 '일반지성'의 모든 동력을 사적 전유의 재원으로 포획하려는 자본주의의 폭력성에 있다. 후기자본주의의 시장 '혁신' 모델은 대체로 이들 각종 'ㅇㅇ 사회'와 지식공유의 탈을 쓰고 일반지성의 광범위한 포획을 통해 가치 실현을 수행한다는 점에서 두렵고 음산하다.

현대 인간종은 일반지성의 자본주의적 포획에 최적화된 데이터 신체 구조로 급격히 진화하고 변형 중이다. 데이터 정보기계로 바뀐 인간의 모습은 이미 많은 부분 크게 활성화가 이루어진 상황이다. 예컨대, 매일같이 스마트폰을 머리맡에 두거나 걸으면서도 고개 숙인 현대인의 모습을 떠올려보라. 이에 더불어, 최근 생명과학, 유전학, 뇌과학, 인공지능 기술의 급격한 부상으로 말미암아 정보기계와 결이 다른 생체기계의 논리 구조가 우리 신체로 또 한 번 밀고 들어온다. 이제 신체-기계-생명이 우리 속에 상호 '합일'되면서 인간종 변이의 새로운 현실로 접어들고 있다. 이것이 우리에게 진실로 불편한 것은 신체-기계-생명 돌연변이 사피엔스 종의 기괴한 탄생에 있기보다는 이를 통치와 자본의 장치로 만들어 관리하려는 새로운 체제 질서에 기인한다.

포스트-개인 신체를 인터넷과 특정 서버에 모듈화하면서, 이제 신체 바깥에 머물던 자본주의 시장이 몸 안으로 기어든다. 오늘날 '포스트 휴먼' 논의는 이와 같은 자본의 생체정보기계가 된 주체 현실에서 출발해야 참되다. 예컨대, 임태훈의 디지털 헬스케어 분석(임태훈, 2014)이나 김상민의 '자기기록' 장치에 의해 '수량화된 주체'(quantified self)에 대한 설명(김상민, 2016)은 새롭게 자본주의 체제에 의해 정의되는 신체의 데이터 구조화 과정을 거듭 강조한다. 실제 애플, 구글, 삼성 등 다국적 기업들은 헬스케어 플랫폼 선점을 위해 각축을 벌이고 있다. 이들 신종 플랫폼 업자들은 스마트워치, 핏빗 등 웨어러블 기기에서 인식된 생체 데이터와 개인 건강 데이터를 가상 클라우드에 실시간으로 업로드하고 이들 정보를 통합해 관리하는 알고리즘 시스템을 구축하려 한다. 생체기계를 통해 신체 데이터를 수집해 알고리즘 분석을 수행하고 이로부터 기계적 잉여 가치를 만드는 데이터 사회가 오는 것이다. 오늘날 자본주의는 온·오프라인을 가로지르고 이제 마지막 단계인 인간 신체 위에까지 전자 플랫폼의 질서를 새겨 넣는다.

데이터 사회는 인간을 포스트 휴먼의 단계에 적정한 신체로 진화하도록 유도하면서, 동시에 발화되지 않는 것의 인간 신체 내적 깊

숙한 생체리듬까지도 데이터의 신호로 포착하려 한다. 몸의 땀, 수분, 혈압, 맥박, 뇌파, 감정의 기복, 생체 리듬, 건강 상태 등 모두가 개별 신체와 연결된 생체정보기계에 의해 해석되어 어딘가로 흘러들어 집적된다. 이는 디지털 헬스케어를 업으로 삼는 다국적 기업들은 물론이고, 보건 당국, 건강보험공단, 복지 시스템, 수사기관 등 관리되는 생체기계 형성에 관여하는 국가 조직들에 살아 있는 생체 정보를 매순간 공급한다.

생체리듬 데이터의 자동 수집과 더불어, 대중 정서와 감정의 흐름인 정동의 영역 또한 최근 자본과 권력이 주로 관심을 갖고 집중해 데이터를 긁어오고 통제하는 채굴광이다. 역사적 객관과 사실의 질서가 서서히 파탄나고 상징 질서의 효력이 그 힘을 잃어가면서 권력은 오히려 그 힘의 원천을 대중 감정의 강렬도 혹은 정동 분석으로 대체하기 시작한다. 이로써 이데올로기나 담론의 자명한 듯 만들어낸 언어적 거짓이나 치장을 걷어내기 위해 애쓰거나, 화자의 진짜 의도를 읽어내기 위해 언어적 불확실성의 장과 마주할 필요가 없어진다. 인간의 의식적 사유 이전의 대중의 '생각 없는 생각'을 읽어내는 일은 어찌 보면 권력을 쥔 자에게 가장 매력적이고 그 어떤 데이터보다 정확하게 사태의 진상을 알 수 있는 힘을 제공한다. 오늘날 데이터 분석가들은 뇌신경 과학과 감정분석을 통해서 인간들이 보여주는 정서의 흐름에 대한 '직관 혹은 본능 해독력'(visceral literacy)을 구비하게 됐다(Andrejevic, 2013: 80~82). 즉, 언어 표현의 담론 질서, 거짓말, 이데올로기적 포장 등을 아예 지나쳐 대중의 정서나 정동으로부터 사안의 진실에 직접 이르는 감정 데이터 분석 기술은 데이터의 물결로부터 현실 해석의 정확도를 한층 높인다.

정동이 특정 외부 정보에 반응하는 정서적 강렬도의 표현이라면, 이의 가장 적절한 물질적 표현의 매체 양태는 소셜웹이다. 트위터나 페이스북의 소셜웹에 물결치는 대중적 감응의 표현을 통해 우린 정동의 양상을 쉽게 읽어낼 수 있다. 정동의 구체적 수집 목록은 카톡방 대화, 댓글, 리트윗, 좋아요, 공유, 특정 키워드의 언어적 연결망 등이다. 우리가 정동의 분석으로 돈을 버는 신경제 유형을 '좋아요' 경제라고도 부르는 까닭은 이에 기인한다. 기술적으로 정동과 포스트 휴먼의 조건이 조응하는 미래 시나리오로 보면, 인간들의 집단 정서를 담아내는 데이터의 수집 및 분석이 아예 직접적인 뇌파 언어의 집적 및 해석 방식으로 바뀔지도 모르겠다. 즉, 인간 두뇌피질에서 얻어진 뇌파를 '마음언어'로 바꾸고 이를 디지털 데이터로 코드화해 즉각적으로 분석해내는 뇌신경 분석이나 뉴로마케팅 국면이 펼쳐질 것이다.

데이터 사회는 결국 불신과 거짓말로 가득 찬 상징 재현의 질서, 불끈하는 정동의 무수한 흐름, 몸 안에서 맥박 치는 생체정보가 한데 빅데이터로 뒤섞여 모여 거대한 회오리를 만들면서 사실과 의미의 과포화 상태를 만들어내는 후기자본주의의 한 국면이 된다. 그 가운데 데이터 사회에서 이들 거대 데이터를 수집하고 처리하는 역할은 다시 한 번 중요해진다. 데이터 사회에서 일어나고 있는 새로운 계급 격차는, 데이터의 소유 정도, 데이터 접근과 분석 능력, 데이터 통제 능력에 달려 있다고 볼 수 있다.

향후 문제는 신체-기계-생체 장치로 통합되는 포스트 휴먼 인간종을 조건화하는 기술권력 구조와 신질서에 대해 어떻게 인간이 주체적으로 개입할 수 있을 것인가이다. 권력의 구조적 기획에 대한 방어법이 아직은 크게 빈곤하다. 게다가 데이터 사회에서 권력의 작동은 아주 조용하게 생체정보기계를 매개해 플랫폼 뒤에 머무는 첨단기술의 '암흑상자' 안에서 일어나고 있다는 점 또한 실제 대항의 논리를 구상하는 것을 도통 어렵게 한다. 즉, 알고리즘과 데이터 기술장치는 "특정한 형태의 기술 및 합리성을 구현한 것으로, 객관성이라는 약속을 중심으로 구축된 일종의 사회적 질서를 나타내는 징후"(도멜, 2014: 15)에 다름 아니다.

4. 데이터 사회의 대항 기획들

우리네 데이터 사회는 권력의 전근대적 폭력성을 여전히 기본으로 하면서 매끈한 데이터 기술이 착근된 상태이다. 한국 사회는 휴대폰과 인터넷망으로 연결해 일상의 스마트한 속도감과 효율을 증진시켰지만, 후퇴하는 사회의 질곡이 주는 무게로 인해 기술 주체들의 사회적 피로감이 배가되고 있다. 이 점에서 국내 데이터 과잉 질서는 기술의 급속한 발전 속에서 한국 특유의 기술 사회적 야만과 데이터 노동의 약탈적 방식을 더 강화할 공산이 크다. 그 가운데서 국내 데이터 사회의 굴곡을 지연하고 지금과 같은 신종 기술을 통한 시장 성장이라는 발전주의의 기조를 바꾸려면, 현실적으로 가능한 대항 논리를 생각해보지 않을 수 없다.

먼저 국내 신권위주의 정부와 기업의 비정상적 대민 데이터 수집, 특히 무차별적인 국민 데이터 수집과 활용에 관한 불법 관행을 제한하려는 노력이 필요하다. 데이터 기술이 주체 내면의 감정, 표정, 생체리듬을 실시간으로 취합해 상업화하는 단계에 이르렀으나 정반대로 국내 개인 데이터 보호 정책은 실제 바닥을 치는 수준이다. 이처럼 모순된 정보 인권 상황을 개선하기 위해 시민사회의 감독과 데이터 오·남용 제한을 더욱 더 엄격히 할 필요가 있다. 최근 빅데이터 사업과 관련해 데이터 분석 및 활용 집단의 편에서 민간 데이터 보호 규제를 완화하려는 여러 시도는 데이터 사회의 부정적 측면을 더욱 악화할 것이다. 시민사회가 주축이 되어 기업과 정부에 의한 데이터 오·남용을 환기하고, 데이터 사회에 맞춰 민간의 정보 인권을 보호하려는 아래로부터 '시민 데이터 권리장전'이 마련되어야 한다.

좀 더 적극적으로는 수집된 데이터에 대한 오·남용을 막는 문화정치적 전술 또한 중요하다. 예컨대, 권력의 내밀한 '알고리즘의 작동을 막으려는 데이터 간섭'(algorithmically data jamming)이 실천적 차원에서 기획될 필요가 있다. 이것의 목표는 우리를 이해하고 분류하려 들고 데이터로 쪼개어 분석하려는 알고리즘 자동 장치의 작동을 방해하거나 따돌리는 실천적 전술을 개발하는 것을 의미한다(도멜, 2014: 292~293). 실제로 이보다 앞서서 암흑상자 속에 거하는 데이터 알고리즘의 원리가 무엇인지를 파악하고 그 자장을 빗겨가는 '역설계'(reverse engineering)의 지혜가 필요하다. 역설계는 권력화된 기술의 설계와 다이어그램을 주체의 의도에 맞도록 뜯어내어 재설계하는 기술민주주의적 과정을 지칭한다. 이는 우리에게 그저 '읽기 문화'(Read-Only Culture)만을 강요하는 자본주의 기술 상품 논리를 우회하는 데이터 행동주의를 추동한다는 점에서 급진적이다.

둘째, 권력이 훔쳐간 데이터의 탈환과 공개를 통해 시민 데이터를 사회적으로 공유하는 방식인 사회적 '핵티비즘'(hacktivism)의 전술은 앞으로 점점 중요해질 것이다. 핵티비즘은 대체로 우발적 내부자 폭로를 통해 이뤄지지만, 권력에 의해 포획되고 사유화된 개별 주체의 데이터들을 그들 스스로 재탈환하는 역발상에 해당한다는 점에서 가치가 크다. 우리에게 엄습하는 새로운 데이터 사회에서 기업이 축적 및 관리하는 데이터들에 대한 사회적 접근이 가능하기 위해서, 핵티비즘과 같은 게릴라식 정보 공개와 내부자 폭로가 단기적으로 효과적인 시민 방어기제라 볼 수 있다. 예를 들어, 25만 건이 넘는 미국 대사관 외교 문서를 폭로한 위키리크스(Wiki"L"eaks)는 은폐된 데이터와 기록을 공개하면서 온라인 대중 스스로가 가치 있는 기록을 여럿이 함께 공유하는 중요한 방법을 알려줬다. 글로벌 권력의 폭넓은 데이터 감시에 대항한 핵티비즘은 "사실상 정보공개에 대해 공식적으로 인정된 방법들에 대한 실제적인 대안이자 정보공개의 공식적인 방법이 존재하지 않는 기업 세계에서 정보공개를 확장하는 대안"(Findlay, 2013: 7~22)이다.

셋째, 4차 산업혁명을 횡단하는 핵심은 사실상 민간 데이터이다. 데이터 사회의 대항적 가치는 개별 주체들에 의해 생산된 수많은 데이터를 어떻게 사회적 공유재로 재전유할 것인가에 있다. 먼저 우리는 그저 주류의 질서 아래 침묵의 나선 속 변경의 웅성거림으로 존재하다가, 새로이 전자적 방식으로 그들 스스로가 들끓고 그 족적을 사회적 발화와 감응의 기록으로 남기는 온라인 '떼' 다중의 정동적 흐름을 주시해야 한다. 이는 권력이 분석하려는 새로운 데이터의 영역이기도 하지만, 데이터 권력의 틈새로부터 새어나오는 다중 욕망의 관계적 집합인 '떼'(condividuals/superjects) 정동 데이터들이다. 알고리즘 권력은 온라인 대중의 욕망과 감정의 역동이 살아 움직이며 구성되는 이들 '떼' 데이터 생산의 발생적·관계적 맥락을 지워버리고, 이를 대신해 패턴 인식의 후기자본주의 경제학을 구축하려 한다. 우리가 새롭고 다르게 행해야 할 일은, 아마도 '떼' 다중이 분출하는 감성의 데이터를 통해 시대적 정서를 읽고 이들이 구성하는 협력과 연대의 가치를 주의 깊게 바라보는 일이다.

끝으로, 현재 진행되는 기술과잉의 현실에서 보자면, 적정기술, 비판적 메이커 문화(critical making), 탈성장(de-growth), 회복력(resilience) 등 느리더라도 공존과 공동의 호혜적 가치를 보장하는 사회적 기술력에 대한 대안적 패러다임의 제시가 관건이다. 오늘날 4차 산업혁명의 사회적 목표도 이 점에서 발상의 전환이 필요하다. 핵심 기술로 거론되는 '빅데이터'는 정보 공유와 공개의 가치를, '메이커운동'은 문명과 '손' 감각의 회복을, 공유경제는 공유지/재 구축의 가치를,

그리고 인공지능은 인간-기계의 공존적 미래 모색을, 각각 대안적 사회적 가치들로 삼아 이를 상호 연결하는 노력이 필요하다. 기술의 대안적 프레임을 짜는 일은 오늘날 플랫폼 자본주의와 기술지상주의를 추동하는 개별 주체의 데이터 과잉 수취와 데이터 치매를 막는 방법이기도 하다. 과학기술의 무모한 성장지상주의는 종국에 인류를 파국의 길로 이끌 것이다. 이제 기술혁신의 지배적 무의식을 깨치고 공생의 지속 가능한 발전의 틀에서 데이터 사회를 재규정해야 한다.

참고문헌

김상민. 2016. 『디지털 자기기록의 문화와 기술』. 커뮤니케이션북스.

도멜, 루크(Luke Dormehl). 2014. 『만물의 공식: 우리의 관계, 미래, 사랑까지 수량화하는 알고리즘의 세계』. 노승영 옮김. 반니.

임태훈. 2014. 『검색되지 않을 자유: 빅데이터에 포박된 인간과 사회를 넘어서』. 알마.

Andrejevic, Mark. 2013. *Infoglut: How Too Much Information is Changing the Way We Think and Know*. New York: Routledge.

Findlay, Cassie. 2013. "people, records, and power." *Archives and Manuscripts*, Vol. 41, Issue. 1, pp. 7~22.

2장

4차 산업혁명 시대
디지털 보호주의와 정책 대응*

조현석

1. 서론

디지털 경제, 4차 산업혁명, 인공지능의 시대, 테러와의 전쟁, 프라이버시와 개인정보보호. 21세기 새로운 변화를 견인하는 이러한 다양한 현상들을 묶어주는 것은 무엇일까? 데이터 혹은 빅데이터이다. 특히 개인 사용자들이 생활 속에서 만들어내는 데이터이다.

글로벌 정보사회의 개인 사용자들은 개인활동, 사회활동, 경제활동 등 다양한 영역에서 인터넷 검색, 소셜 미디어 활동, 일상적인 스마트폰 통화를 하면서 여러 가지 대용량의 데이터들을 창출한다. 이러한 데이터들은 정부와 기업들에 의해서 수집·저장·분석되어 여러 목적을 위해 사용된다. 사용자들이 온라인에서 흘리는 데이터와 흔

---

* 이 글은 조현석·이은미, 「제4차 산업혁명에서의 디지털 보호주의와 정책대응」, 《평화학연구》, 18(1)의 내용을 부분적으로 수정했다.

적들이 사용자들의 직업 활동과 일상생활의 여러 측면을 보여 주는 정보로 가공되어 데이터 활용과 감시에 이용된다. 이 중에서 국가안보 목적의 데이터 감시도 널리 실행되고 있다.

공적·사적 목적의 데이터 활용은 개인정보보호제도에 의해 제약된다. 특히, 데이터 감시와 활용은 많은 측면에서 데이터 보호와 서로 충돌한다.[1] 정보기술과 인터넷 환경에서 국가안보를 위해 데이터 감시가 점점 더 광범위하게 이용되고 있는데 이는 데이터 보호를 위한 국내적·국제적 제도 및 규범과 충돌하는 것이다. 기업의 데이터를 활용한 비즈니스도 프라이버시 보호의 법적 의무를 진다. 데이터 감시와 데이터 보호 간 충돌은 국내는 물론 국제적 차원에서도 일어나고 있다. 특히 국제적인 차원에서는 국가와 국가, 국가와 기업 간 충돌과 갈등이 다양한 방식으로 일어난다. 국가 간 국가안보 이익의 충돌, 디지털 경제의 주도권 경쟁, 국가 간 개인정보보호제도의 차이와 갈등, 프라이버시 보호의 인식과 이념의 차이를 둘러싼 국제정치적 갈등이 노정되어왔다. 이러한 국제정치적 갈등은 '데이터 전쟁'(Data War)이라고 할 만하다(Farrell and Newman, 2016).

---

1 이 글에서 '데이터 보호'는 좁은 의미로 개인정보(personal data) 보호, 정보프라이버시 보호, 데이터 프라이버시 보호를 의미하는 것으로 사용한다. 데이터 보호를 넓게 보면 개인, 정부, 기업, 민간조직이 보유하고 있는 데이터와 시스템에 '어두운 네트워크'(dark networks)에 의한 불법적인 침해를 방지하는 것을 포함한다. 제4차 산업혁명의 기반인 산업인터넷은 사이버 안보 이슈와 밀접히 관련된다.

최근 빅데이터의 놀라운 발전과 인공지능의 새로운 기술적 도약은 데이터 감시와 데이터 보호 이슈를 새롭게 조명해야 할 필요성을 제기한다. 인공지능-알고리즘-데이터의 결합은 감시 기술의 발전에 크게 기여한다. 예를 들어 얼굴인식 기술, 음성인식 기술, 생체인식 기술이 크게 발전해 분별의 정확도가 인간 능력 이상으로 향상되고 있다.[2]

지능(intelligence)의 향상뿐만 아니라 사회정치적 결정(판단)을 할 수 있는 인공지능의 개발도 시도되고 있다. Robama(Robot + 대통령 Obama의 합성어) 프로젝트가 그 예가 된다. 이러한 기술 발전은 데이터 감시의 능력, 형태, 방법을 현저하게 변화시키고 있고 데이터 보호(개인정보보호)에 더 큰 도전을 제기한다(≪조선일보≫, 2016.9.29).

데이터 감시는 국가뿐만 아니라 기업에 의해서도 실시된다.[3] 국제관계에서 더 문제되는 것은 주로 공공적 목적의 국가에 의한 데이터 감시이다. 물론 국가 감시도 기술, 인력, 기업 보유 데이터 제공의 측면에서 기업과 밀접한 협력 속에 이루어지는 것이다.

국가에 의한 데이터 감시는 크게 세 가지로 구분된다. 첫째, 국가 안보를 위한 것. 둘째, 국내 치안을 위한 법 집행 목적을 위한 것과 셋째, 기타 국내 정책적인 목적(전염병 감시, 교통위반 감시 시스템, 불법

---

2 특히, 얼굴 인식 분별도는 97% 까지 향상되었다고 보도한다.
3 감시(surveillance)는 일반적으로 부정적인 함의를 지닌다고 여겨지며 우리말에서는 더 그렇다. 그러나 감시가 부정적인 의미만 갖는 것은 아니다. 데이터 감시에 기반을 둔 불공정 주식 거래 감시시스템, 전염병 발생 감시 시스템의 예에서처럼 긍정적인 의미로도 통용된다.

금융거래 감시, 부정 복지수급 감시 등)을 위한 것이다.

미국의 경우, 국가안보를 위한 데이터 감시는 테러와의 전쟁에서 매우 중요한 '정보 무기'로 사용되고 있다. 2001년 9.11 사태 이후 테러와 전쟁을 우선적인 국가안보 문제로 설정하고 있는 미국은 이러한 데이터 감시를 필수적인 전략적 수단으로 사용하고 있다. 국가안보 목적의 데이터 감시는 주로 NSA(국가안보국)에 의해서 이루어지고 있으며, 전방위적인 대규모의 데이터 감시가 정당화되고 있다. 그 범위는 미국의 안과 밖의 세계를 모두 포함하고 있다.

이러한 미국의 데이터 감시는 미국과 EU 간 여러 차례 분쟁과 갈등을 만들었다. 예를 들어 SWIFT 사건, 유럽의 항공여행승객 데이터(PNR)에 대한 미국 정보기관의 접근 문제 등이다.[4] 2013년 6월 스노든(Edward Joseph Snowden)이 NSA의 프리즘를 폭로한 이후 미국과 유럽에서는 많은 논란이 생겼다. 미국 국민들뿐만 아니라 우방국인 유럽의 시민도 감시 대상에 포함되었다. 이의 여파로 대서양 양안 간 디지털 무역을 뒷받침한 세이프 하버(Safe Harbor) 체제가 붕괴되기에 이르렀으며 이후 '프라이버시 실드'가 체결되었으나 글로벌 디지털 무역의 제도적 기반은 여전히 확고하지 못한 상태이다.

빅데이터에 기반을 둔 디지털 경제가 성숙하면서 개인정보보호는

---

4 SWIFT(Society for Worldwide Inter-Bank Financial Telecommunication, 국제 금융통신정보 인증협회)와 이를 둘러싼 미국-EU 간 갈등에 대해서는 이 장의 3절 참조. 유럽의 항공여행승객 데이터(PNR)에 대한 미국 NSA의 접근을 둘러싼 미국-EU 간의 갈등에 관해서는 Newman(2008: 132~140) 참조.

더욱 더 중요한 문제가 되고 있다. 국가 간, 지역 간 데이터 보호 제도가 달라 국제경제 갈등의 새로운 원천이 되고 있는 것이다. 여기에 테러와의 전쟁에서 미국 등 초강대국의 국가안보가 데이터 감시에 더 크게 의존하게 됨으로써 개인정보보호를 둘러싼 갈등은 국제 정치적 갈등의 성격을 띠게 되었다. 이뿐만 아니라, 글로벌 디지털 경제의 대변환을 예고하는 4차 산업혁명의 진전은 이러한 국제정치경제 갈등 이슈를 더 첨예하게 만들고 있다. 제4차 산업혁명은 기본적으로 데이터 기반의 경제활동을 전제하고 있고, 국가마다 다른 개인정보보호제도 안에서 디지털보호주의를 표방하고 있기 때문이다.

이러한 국제 디지털환경 속에서 데이터 감시, 테러 방지, 국가안보, 디지털 경제 주도, 4차 산업혁명, 사이버안보, 프라이버시, 빅데이터와 같은 개념들을 어떻게 묶어낼 수 있을까? 이 개념들을 어떻게 분류하고 큰 틀에서 설명할 수 있을까? 이 장은 이러한 문제의식을 탐색하고, 글로벌 디지털 변화를 이해하며, 이러한 변화가 한국에 어떤 함의를 가지는지 살펴본다.

2. 4차 산업혁명 도래와 대응

1) 4차 산업혁명의 지식 기반: 데이터, 인공지능, 알고리즘

인터넷 기반 초연결 사회에서 데이터의 창출이 다양한 매개로 이루어져 상상할 수조차 없는 다양하고 대규모인 빅데이터가 저장, 분석, 활용되고 있다. 사람, 센서, 기계를 통해 세상의 모든 것이 데이터화되고 있는 것이다. 사물인터넷, 산업인터넷의 등장으로 사람-사람, 사람-기계, 사람-센서의 연결이 가능해져 데이터를 생산, 축적, 활용하는 것이 기업과 국가의 경쟁력의 핵심이 되었고 데이터는 일종의 인프라가 되었다.

향후 10년 내 인터넷 연결 디바이스(컴퓨터, 통신기기, 소비재, 산업기기, 부품 및 구성품, 각종 센서, CCTV 등)의 수가 2016년 180억 개에서 2025년 7000억 개 이상으로 급증될 것이라고 예측된다. 이 중 산업 부문, 특히 제조업이 1/3 차지하게 되는데 소비재 부문도 이와 비슷하다(≪Economist≫, 2016.12.3).

인공지능과 알고리즘은 빅데이터와 상호보완적으로 발전하고 있다. 최근 인공지능의 도약에는 빅데이터의 기여가 크게 작용했는데, 일례로 알파고의 높은 바둑 실력은 방대하게 축적된 바둑기보 데이터 분석과 학습을 바탕으로 한 것임을 보여준다(정보화진흥원, 2016).

제4차 산업혁명에서는 데이터 보호 및 사이버 안보가 핵심이다. 인터넷 기반 소셜 미디어, 산업인터넷, 사물인터넷이 글로벌한 범위에서 연결되어 많은 데이터가 생산되고 이것을 가공해 다시 생산, 경제·사회 시스템에 피드백 됨으로써 데이터 보호와 사이버 안보가 핵심적인 과제가 되고 있다. 사물인터넷, 산업인터넷 환경에서는 제조 기업들도 사이버 안보 이슈를 중시하고 있다. 예를 들어 인터넷 라우팅 장비와 스마트폰을 생산하는 중국의 화웨이[5]는 글로벌 공급 사슬에서 발생할 수 있는 위험 이슈를 관리하는 데 큰 노력을 기울이고 있다. 작은 디바이스에 심겨진 악성 S/W(malware)가 시스템 전체를 오염시킬 수 있다는 것인데, 이는 제품에 대한 시장 공신력이 하락할 수 있는 것이기 때문이다. 최근 중국 정부는 아이폰 생산에 사용된 부품의 안전도와 신뢰도에 문제를 제기한 바 있다. 산업 부문에 한정해서 보더라도 이러한 사이버 안보 이슈는 국가-국가, 기업-기업, 국가-기업-국가, 기업-국가-기업 등 다양한 관계에서 제기될 수 있다.

빅데이터와 인공지능 기반 알고리즘의 발전은 무엇보다 경제적 중요성을 가진다. 4차 산업혁명의 담론은 이러한 맥락에서 논의되고 있다. 테러 예방과 같은 국가안보의 영역에서도 중요한데 빅데이터와 알고리즘을 바탕으로 '대량감시'(mass surveillance)의 기술이 발전하고 있다. 빅데이터 분석에 알고리즘은 필수 요소다. 데이터 분석은 기본적으로 알고리즘의 논리구조와 이를 실행하는 S/W에 기반을 둔다. 테러 예방을 위한 데이터 기반 대량감시도 단순히 많은 데이터를 수집해서 분석한다는 것이 아니라 알고리즘에 기반을 둔 분석 기술을 적용한다는 의미가 있다. 대량감시에 이용되는 데이터는 이메일에 담긴 내용과 같은 내용 데이터(content data)를 포함하고 있지만, 대부분 누가 언제 누구에게 이메일을 보냈는지에 관한 정보와

---

5   미국 의회에서 네트워크 장비의 신뢰성 이슈가 제기되어왔다(≪Economist≫, 2012.12.4).

같은 메타 데이터(meta-data)이다. 이는 오류의 비율이 높은 성격을 띠고 있다. 메타 데이터에서 프라이버시와 개인정보 침해가 이루어지기 쉽기 때문에, 데이터 보호의 필요성이 증대되고 있다.

2) 4차 산업혁명 담론

2016년 2월 WEF 다보스 포럼에서 제기된 이래, 제4차 산업혁명의 담론이 넓게 확산되고 있다(슈밥, 2016). 이는 정보혁명의 심화, 세계 산업구조의 디지털화의 진전, 그리고 인공지능(Artificial Intelligence)의 발전을 반영하는 것이다. 이후, 제4차 산업혁명 담론은 여러 갈래로 전개되고 있지만, 그 중심에는 2010년 이후 가시화된 인공지능의 도약이 놓여 있다. 한국에서는 2016년 알파고 사건과 맞물려 제4차 산업혁명 담론의 파급력이 매우 크게 나타난다. 아직 '담론' 정도라고 볼 수 있으나, ICT 및 관련 과학 부문(생명공학 기술, 나노기술 등)의 발전, 인공지능과 알고리즘의 발전, 빅데이터 환경의 출현, 글로벌 분업구조, 통상 구조의 변화, 중요 국가들 간 패권 경쟁 등의 추세가 합류하는 현상이 두드러진다.

사실, 인공지능은 1950년대 등장해 답보 상태에 있었다. 최근 인공지능의 진보는 2012년 이래 기술적 도약에서 기인했고, 핵심은 기계 학습(machinery learning)이다. 기계학습의 일종인 딥 러닝(deep learning)을 활용한 구글(google) 딥마인드(deep mind)의 알파고가 이를 증명하고 있다. 딥마인드는 신경망(neural networking) 이론을 기반으로, 입력층(input layer) → 은닉층(hidden layer) → 출력층(output layer)의 구조를 띠며 발전을 거듭하고 있다. 층(layer)이 많을수록 높은 성능을 나타내는데, 최근 들어서 152개 층(layer)에 도달해 심층(deep layer)을 갖는 정도로 발전했다. 예를 들어, 이미지 인식 오류가 2011년에 25%에서 2012년에는 15%, 2013년에 10%, 2014년에는 5.5%에서 4%까지 줄어 인간의 인식오류 수준 5%보다 오히려 낮아졌다(≪Economist≫, 2016.6.25).

그러나 이것은 약한 인공지능의 수준으로 강한 인공지능인 범용 인공지능(Artificial General Intelligence)으로의 발전은 앞으로 수십년의 시간이 걸린다고 전망된다. 현재는 바둑을 두는 알파고처럼 특정한 기능을 수행하는 정도로 알고리즘이 설계되어 있다.

인공지능 기술을 개발하고 있는 스타트업 기업의 인수합병을 둘러싼 구글, 페이스북, MS, 아마존 등 기술 대기업 간 경쟁이 매우 치열해지고 있다. 2011년 인수합병은 불과 몇 건에 2~3억 달러 수준이었으나, 2016년에는 거래가 30건 이상이며 금액도 16억 달러에 이른다. 이미 많은 인공지능 전문가들을 보유하고 있는 구글은 인수 경쟁에서 페이스북을 따돌리고 2014년 영국 인공지능 기업 딥마인드를 6억 6000만 달러에 매수했다. 영국 런던 소재 딥마인드에는 400명의 컴퓨터 과학자와 신경과학자들이 있는데 1000명 선으로 확대할 계획을 밝혔으며 강한 인공지능 수준으로의 도약에 전력을 다하고 있다(≪Economist≫, 2016.12.7).

제4차 산업혁명의 산업적 발전 경로는 국가마다 다르게 나타나고 있는데, 이는 국가별로 국제적 위상과 처한 산업 환경이 다르기 때문이다. 세계적으로 미국이 주도하면서 독일이 유럽을 기반으로 미국과 경쟁하고, 아시아에서는 일본과 중국이 아시아와 일부 글로벌 공간을 놓고 경쟁을 예고하고 있다. 한국은 주도 그룹에 포함되기는 어렵지만 상대적으로 높은 정보기술 능력과 구색을 갖춘 제조업을 기반으로, 주도 그룹들과 개도국을 중개할 수 있는 중견 국가(매개 국가)의 역할을 확보할 가능성이 있다.

미국은 제조업의 부흥을 위해 2011년 '첨단제조업발전계획'(Advanced Manufacturing Partnership)을 시작했다.[6] 제조업 자체의 발전에 초점이 있는 것이 아니라 빅데이터와 인공지능 알고리즘을 기반으로 제조업과 데이터 기반 서비스의 결합을 통해 기업 가치 향상과 경쟁력 향상을 도모하는 데 중점을 두고 있다. 〈그림 2-1〉에서 보면 미국은 제조업 기반이 다른 국가에 비해 아주 낮은 편은 아니다. 물론 생산의 세계화의 주도 국가로서 산업 기반이 해외로 많이 나갔지만, 4차 산업혁명의 변화 추세는 국내 산업 기반을 강화하는 데 긍정적인 영향을 미칠 것이다.

독일은 미국 주도의 디지털 경제에 대항하기 위해 2010년대 초반부터 'Industrie 4.0' 정책을 경제 전반에 걸쳐 추진하고 있다. 독일의 강점인 자동차, 기계, 정밀산업 등 제조업에 정보기술을 접목해 모

---

6   이 계획은 이후 AMP 2.0으로 발전했다. United States Executive Office of the President(2014) 참조.

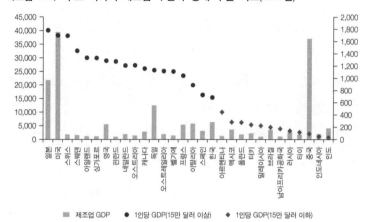

〈그림 2-1〉 주요 국가의 제조업 부문과 경제 수준 비교(2010년)

제조업 GDP ● 1인당 GDP(15만 달러 이상) ◆ 1인당 GDP(15만 달러 이하)

자료: Baldwin(2012: 30).

든 생산공정, 조달 및 물류, 판매 후 서비스까지 통합적으로 관리하는 '스마트 팩토리' 구축을 목표로 한다. 이를 위해 사물인터넷, 사이버물리시스템, 센서 등의 기술 개발과 생태계 조성에 집중하고 있는 것이다. 다만, 독일은 산업의 소프트화와 디지털화 추세에 효과적으로 대응하는 데 한계를 보인다는 약점이 있다. 예를 들어, 앞으로 자동차 생산의 부가가치가 어디에서 나올 수 있는지, 즉 자동차의 기능 개선 자체에서 나오는지, 아니면 자동차에 장착된 다양한 데이터 기반 S/W와 구글의 검색프로그램에서 나오는지에 관한 이슈에 대해서 제조업을 강조하는 독일은 유리한 입장에 있지 않다는 것이다.

4차 산업혁명은 기술 발전의 논리에 의해 진화하는 것은 아니지만, 기존 사회경제질서에 큰 충격을 준다. 기존의 이익구조에 큰 변화가 초래될 수 있다는 것이다. 노사관계에서 보면 직장을 잃을 수 있는 노동세력은 변화를 적극적으로 수용하지 않고 저항할 수 있다. 산업계 내부에서도 자원이 부족한 부문이나 기업은 저항을 할 수 있지만, 결국 사회경제적 패자들이 양산되는 결과가 초래될 수 있다.

이때, 정부의 역할이 중요하고 국가 전략이 필요하다. 특히 정부는 우리 실정에 맞는 디지털 전환 전략이 무엇인지 파악해 제4차 산업혁명의 비전을 분명히 제시해야 한다. 확고한 리더십으로 전략 추진을 뒷받침해야 하며 지원 정책과 제도 개혁을 제시해야 한다. 육성 지원과 함께 패자들을 위한 지원도 필수적이다.

3. 디지털 보호주의와 자유주의

1) 데이터 감시(data surveillance)의 등장

전통적으로 국가안보를 위한 정보활동은 국가의 각종 정보기관에 의해 여러 가지 방법으로 수행되어왔다. 이 중 많은 부분은 은밀하게 이루어져왔고 국가들 상호 간 및 국내에서도 정보활동은 정당한 국가안보 영역으로 인정되어왔다.

새로운 감시활동인 데이터 감시는 네 가지 변화를 배경으로 등장했다(Donohue, 2016: 3~4). 첫째, 2001년 9.11을 계기로 테러와의 전쟁이 중대한 국가안보 이슈가 되었고 미국 국내외에서 테러집단의 활동을 사전에 파악하고 테러를 예방하는 일이 매우 중요해졌다. 둘째, 인터넷 환경이 확산되고 스마트 기기들이 보급되어서 사회적 활동이 온라인 공간에서 이루어지게 되었다. 비국가 행위자들의 테러 활동이나 조직적 범죄활동이 사이버 공간, 즉, 온라인 공간 내에서 조직화되고 조정된다. 셋째, 인터넷 환경에서 사용자들은 1차적으로 개인들이다. 이러한 개인들의 활동이나 신상을 보여주는 데이터를 기반으로 감시가 이루어지는 것이다. 데이터 감시라고 할 수 있는 이러한 감시는 전통적인 감시와는 크게 구별된다. 국가안보적 목적을 띤 전통적인 감시는 국가기관, 요원, 중요 인사 등이 감시의 대상이 되었다. 그러나 데이터 감시의 경우 보통의 개인이 주된 감시 대상이 되었는데 감시하는 국가의 시민은 물론 다른 국가의 개인들도 감시의 대상에 포함된다. 넷째, 데이터 감시의 또 다른 중요한 특징은 데이터와 알고리즘을 기반으로 이루어지는 것이라는 점이다.

데이터 감시의 주체로는 국가 감시와 기업 감시로 구분되고 국가 감시의 경우 목적은 국내 정책 목적, 법 집행 목적, 국가안보 목적으로 나눌 수 있다. 방식으로는 대량감시와 표적감시로 구분될 수 있다(슈나이어, 2016). 빅데이터에 기반을 둔 국가안보 목적의 대량감시는 최근의 현상이다. 이는 선진국 사이에서 테러와의 전쟁이 가장 우선적인 국가안보 이슈 중의 하나가 되었다는 점과 밀접히 관련된다. 국가에 의한 데이터 감시는 기본적으로 통신 기업들과 기술 기업들이 수집한 개인 사용자들에 관한 데이터를 활용한다는 특징이 있다(Keiber, 2015). 물론 국가 정보기관들은 데이터 감시 외에 공중 촬영 정보 수집, 휴민트(humint),[7] 신호기반 정보 수집(SIGINT: signal intelligence, 시진트) 활동을 수행한다. 그러나 데이터 감시는 인터넷 환경에서 생긴 새로운 감시 현상이라고 할 수 있는 것이다.

국가의 빅데이터 기반 데이터 감시는 사이버 공간에서의 국가 역할 증대의 원인이자 결과라고 할 수 있다. 2013년 6월 미국 NSA에 의한 데이터 감시가 대대적으로 드러남으로써 인터넷의 자유와 개방을 주창해온 미국의 입장이 매우 난처해졌다. 물론 NSA에 의한 데이터 감시가 그 이전에도 국제 NGO들에 의해 비판받아왔지만 스노든의 데이터 감시 폭로는 국가 역할 증대 현상이 일시적인 것이 아니고 구조적인 현상이라는 점을 잘 보여주었다(Deibert, 2015).

중국과 러시아 등 상하이 협력기구(SCO) 회원 국가들은 데이터 감시를 국내 통제에도 광범위하게 이용하는 것으로 알려졌다. 권위주의 국가 진영이든 민주주의 국가 진영이든 인터넷 공간에 대한 국가의 관여는 점차적으로 커져왔다. 인터넷의 파편화, 인터넷의 국가주의화 현상이 예외가 아니라 주류로 자리 잡게 되었다(Deibert, 2015).

데이터 감시에서 대량감시의 특징은 다음과 같다. 첫째, 대량감시는 데이터의 비식별화를 위해 주로 메타 데이터를 수집·분석하는 것이다. 대량감시는 측정 오차율이 높다. 광고나 마케팅을 위한 대량감시는 오차율이 어느 정도 높아도 용인될 수 있지만 테러활동을 방

---

7 사람이 활동하면서 정보를 수집하는 인적 정보를 말하며 사람(Human)과 정보(Intelligence)를 결합한 용어이다. 휴민트는 비밀리에 활동하는 스파이뿐 아니라 외교관이나 기업인, 내부 협조자 등 합법적으로 활동하는 사람들을 통해 얻은 정보를 통칭한다[네이버 지식백과 휴민트(Humint) 검색(검색일: 2017.1.31)].

〈표 2-1〉 데이터 감시의 특성

	전통적 정보활동	데이터 감시
목적	전통적 국가안보	테러활동 방지 우선
방식	고공정찰, 시진트, 휴민트	빅데이터 분석과 예측
주요 기법	표적 감시 선호	대량감시(높은 오차율)
대상	국가기관, 주요 인사, 요원	개인 사용자(국내외)
기업과의 관계	비교적 독립적, 부분적 협력	밀접한 협력관계, 기업보유 데이터 활용, 데이터서비스 기업 활용
자체 데이터 수집	1차적	2차적
시설	통상적인 시설과 장비	대규모 데이터 센터 운영
(정보공유를 위한) 국제협력	등급이 있음(5 Eyes, 9 Eyes 등)	정보공유, 기술지원 등 다양한 국제협력
부작용, 위험(risk)	사고 시 나타남	프라이버시 침해, 개인정보 유출이 상시적 발생
영향	사고 시 나타남	- 인터넷 공간의 군사화, 큰 국가 현상 -국가안보활동, 국내 법집행 활동의 구분이 모호해짐

자료: 슈나이어(2016); Mayer-Schönberger and Cukier(2013) 참조해 저자 작성.

지하기 위한 국가안보 목적의 경우에는 대량감시는 오차율이 높아서 비효율적·비효과적이며 프라이버시 침해 등 부작용이 상당히 크다(Mayer-Schönberger and Cukier, 2013). 테러 사건은 매우 드물게 일어나고 매 사건은 개별적이고 적발되지 않으려고 조심한다. 그래서 대량감시보다 표적감시가 더 효과적이라고 볼 수 있다(슈나이어 2016).[8]

---

8 빅데이터 분석 방법의 세 가지 특성은 샘플링 자료가 아닌 전체 자료를 분석하

실제로는 표적감시보다 여러 가지 이유에서 '모두 수집하라'를 내걸고 대량감시가 선호되어왔다.

둘째, 대량감시에 이용되는 비식별화된 데이터도 다른 데이터와 결합되면 식별화된 개인정보가 될 수 있다. 개인들의 프라이버시가 침해될 수 있다는 것이다. 프라이버시 침해는 테러방지를 위한 첩보(intelligence) 데이터의 수집·분석·예측에 기반을 둔 국가 감시의 적법성과 정당성을 약화시킬 수 있기 때문이다. 미국의 2001년 9.11 테러와 뒤이은 미국 애국법(US Patriot Act) 제정은 국가안보를 위한 데이터 감시를 제도화하고 정당화한 계기가 되었다(슈나이어, 2016).

데이터 감시는 국가들의 정보활동과 감시활동을 통해 다양하게 이루어져왔다. 1940년대에 설립된 미국 NSA도 국가안보의 핵심 영역을 담당하고 있고, 정보기술은 감시기술의 발전을 가져왔다. 정보기술의 발전의 맥락에서 2001년 9.11 사태는 데이터 감시의 이슈를 크게 부각시켰고, 이후 데이터 감시가 매우 중요한 안보정책 수단이 되었다. 2013년 스노든의 폭로로 NSA의 데이터 감시활동의 많은 부분이 드러나 국제적 갈등이 야기되었다. 특히 미국과 EU 간 국제정치경제적 갈등이 크게 노정되었다. 유럽에서는 정보 프라이버시 보호(개인정보보호)에 적극적인 유럽의회, EU와 각 회원 국가의 데이터 보호 당국, 유럽의 NGO 진영이 미국의 데이터 감시에 대항한 개인

고 분석의 정확성과 정밀성이 낮다는 것이다. 즉, 높은 측정 오차율을 보인다. 또한, 인과성보다 상관성을 중시한다.

정보보호 제도의 강화를 위해 노력했다.

2) 미국-유럽 간 데이터 감시와 보호를 둘러싼 갈등

1970년대 컴퓨터 시대를 맞아 유럽에서는 개별 국가별로 개인정보보호 입법을 추진했다. 독일의 경우 파시즘의 폐해로 1978년 엄격한 내용의 정부 입법이 이루어졌다. 1980년대 정보기술의 발전과 국경 간 정보 유통의 증가로 유럽 수준에서 두 개의 제도가 도입되었다. 우선, 1980년 OECD 주관으로 프라이버시 보호 지침이 제정되었고, 1981년 유럽평의회(Council of Europe) 주관으로 개인정보보호를 위한 108협약이 제정되었다. 모두 권고안으로 구속력이 결여되었으나, 이후 개별 국가는 물론 EU의 개인정보보호제도의 발전에 큰 영향을 미쳤다(Newman, 2008; 이광현, 2009).

EU의 포괄적 규제제도의 틀에 영향을 미친 제도는 15년간의 논란을 거쳐 1995년 제정된 'EU 개인정보보호지침'이다. 유럽 지역에서 개별 국가들의 프라이버시 보호 정책을 조화시켜서 지역 내 자유로운 데이터 유통을 진작하기 위한 것이다. 높은 수준의 프라이버시 보호 규정을 담고 있다. 'EU 개인정보보호지침'은 기본법 형태를 띠었고 공적·사적 부문의 개인정보를 모두 관할했으며 국내 입법을 통해 규제 당국의 집행력과 감독 권한을 구비하도록 규정한 것이 중요한 특징이다. 15년간에 걸친 'EU 개인정보보호지침'의 협상 과정은 다른 측면에서 또한 중요성을 지닌다. 이러한 과정에서 EU 지역 내 개별 국가의 개인정보보호 규제 당국이 개별 국가 정부를 넘어서 '초정부 간 네트워크'를 형성해 유럽의회 등과 함께 엄격한 포괄적 규제제도의 발전에 큰 영향을 미쳤다. 1998년 이 지침의 제정 이후에 미국과의 세이프 하버 협정을 위한 협상을 시작했다. 미국과의 세이프 하버 협정의 체결 과정에서도 이러한 초정부 간 네트워크가 큰 힘을 행사했다(Farrell and Newman, 2014).

EU 집행위원회, 주요 국가들의 정부, 유럽 산업계는 엄격한 개인정보보호제도의 제정에 줄곧 반대해왔다. 그럼에도 불구하고 EU는 계속해서 'EU 개인정보보호지침'의 한계를 보완하기 위해 2012년부터 강제력을 갖는 국제규범의 형태의 입법을 추진했다. 2016년 초에 마무리되어 2017년 전면적인 시행을 앞두고 있는 '개인정보보호일반규정'(General Data Protection Regulation: GDPR)은 EU 시민들의 개인정보 자기결정권을 보장하기 위해 회원 국가들이 별도의 국내법으로 규정할 필요 없이 모든 회원 국가들에게 적용되는 공통규범으로서 법적 강제력을 지니고 있다. EU의 포괄적 개인정보보호제도의 결정판이라고 볼 수 있다. 개인정보의 국외 이전에 관해서 해당 조항이 보다 구체적으로 규정되고 개인정보 유출 시 기업들에게 벌금을 부과하는 강제조항이 포함되어 있기 때문이다(조현석, 2016).

2000년대 이전에도 대서양 양안 간 국제데이터유통(TBDF)의 증가로 개인정보보호를 둘러싼 미국과 EU 간 갈등이 커지고 있었다. 이러한 배경에서 2000년 세이프 하버 협정이 체결되었다. 세이프 하버 협정은 자율규제와 정부규제를 혼합한 방식을 취해 관련 기업들이 유럽의 개인정보보호지침이 아닌 세이프 하버의 원칙을 자발적으로 준수하겠다고 미국 상무부에 신고할 경우 유럽이 요구하는 적절성의 조건을 충족시킨 것으로 간주한다는 것을 골자로 했다. 세이프 하버 원칙은 사업자가 협의를 거쳐 개인정보보호방침을 자발적으로 공표하고 상무부에 그 방침을 신고해 인증서를 발급받는 규제 메커니즘이다(조화순, 2006).

세이프 하버 원칙은 미국 정부가 기업의 개인정보보호방침을 우려하는 유럽의 의견을 반영하면서도 기업의 자율 규제를 주장하는 미국 업체의 의견을 반영하는 것이었다(조화순, 2006). 이는 국제적 조약이나 협약이 아닌 미국과 EU 간 합의안이라는 '국지적 규범'으로 기능했고 안정된 정치적·제도적 기반을 가지지 못했다. EU와 미국 간 일종의 정치적 타협책으로 나온 것이어서 불안정한 성격을 처음부터 가지고 있었다.

예를 들어서 개인정보보호 이슈와 관련해 유럽과 미국은 많은 부분에서 차이를 보여준다. 첫째, 개인정보 인식이 다르다. 미국에서는 개인으로 식별된(identified) 정보를, 유럽에서는 '식별할 수 있는'(identifiable) 정보를 개인정보로 본다. 유럽이 개인정보를 훨씬 넓게 정의하고 있다(강정수, 2015). 둘째, 프라이버시 권리를 다르게 본다. 미국은 소비자 권리로 보는 반면 EU는 시민적 기본권으로 본다. 셋째, EU는 정부규제를 채택하고 미국은 시장자율규제를 채택하고 있다. 넷째, EU는 EU 수준과 개별 국가 수준에서 개인정보보호 전담기관을 운영하고 있는 반면, 미국은 여러 기관에 감독권이 분산되어 있다. 요약하면, EU는 포괄적 규제체제를 가지고 있고, 미국은 제한된 규제체제를 가지고 있는 것이다(Schwartz and Solove, 2014). 따라서, 세이프 하버 협정은 출범 초기부터 잠정적이며 정치적인 타협의 산물이고 환경 변화에 따라 변화될 여지를 내포하고 있다는 평가를 받았다(Kobrin, 2004).

2000년대에 들어 미국은 2001년 9.11 테러를 계기로 테러와의 전쟁을 실행하기 위해 미국 애국법(U.S. Patriot Act)을 제정하고 대량감시, 전방위 감시를 본격화했다. 이로 인해 세이프 하버 체제하에서도 데이터 감시와 데이터 보호를 둘러싸고 미국과 EU 사이에 정치경제적 갈등이 지속되어왔다.

대표적인 예가 SWIFT 사건이다. 테러집단의 금융거래정보를 추적하는 미국 재무부의 TFTP(Terrorist Financing Tracking Program)의 시행을 둘러싸고 2006년 미국과 EU 간에 불거진 갈등이다. 미국과 EU 간 테러 예방을 위한 금융정보 공유의 필요성이 양측에 의해서 어느 정도 이해되었으나, 국가안보 목적을 위한 미국의 데이터 감시 활동이 EU의 엄격한 개인정보보호제도와 충돌하는 것 또한 피할 수 없었다. SWITF의 개인정보 처리에 관한 EU의 조사에 의하면 미국 정부가 TFTP를 운영하면서 EU의 개인정보보호지침(1995)을 위반했다는 것이 드러났다. 미국과 EU가 테러활동을 탐지하기 위한 금융정보의 공유를 제도화하기 위해 노력했으나, EU와 몇몇 개별 국가의 개인정보보호 초정부 간 네트워크와 유럽의회는 이러한 변화에 계속해서 반대했다. EU 안보 당국자들이 추진한 유럽판 TFTP는 현실화되지 못했고 미국 재무부는 SWIFT의 금융정보에 접근하고 활용하는 일을 계속했다. 세이프 하버 협정의 약화에 기여한 셈이다 (Farrell and Newman, 2014: 10~14).

대서양 양안 간 갈등 속에서 EU는 2010년대에 들어 프라이버시 보호 제도의 질적 강화를 위한 제도 형성(General Data Protection Regulation)을 추진했다. 이 와중에 NSA의 대규모 감시활동을 2013년 6월 스노든이 폭로해 NSA의 데이터 감시에 대해 유럽 내에서 비판의 분위기가 고조되었다.[9] 이와 맞물려 오스트리아 프라이버시 옹호 활동가인 마크 슈렘즈(Mark Shrems)가 페이스북이 자신이 제공한 개인정보를 적절하게 보호하지 못했고, 자신의 정보도 미국 정부의 감시의 대상이 되었다고 주장하면서 페이스북을 아일랜드의 개인정보보호기관(Data Protection Commissioner)에 제소했다. 이를 시작으로 한 소송에서 최종적으로 유럽사법재판소가 2015년 10월 세이프 하버 협정의 무효화를 선언했다. 이 판결에서 유럽사법재판소는 세이프 하버 협정에 명시된 개인정보보호 수준이 1995년 EU 개인정보보호 지침의 보호 수준을 충분히 고려하지 않고 있다고 주장했다. 또 미국 정부의 강제력 없이 미국 기업의 자율적인 약속만으로 개인정보 보호는 불가능하다고 보고, 나아가 미국 정부기관이 미국 국가안보

---

9 심지어, 독일 총리의 휴대폰까지 도청한 것으로 나타났다. 스노든의 폭로 이후 유럽에서는 EU 수준이나 개별 국가별로 기술주권(사이버 주권, 데이터 주권, 인터넷 주권 등을 포괄하는 용어)을 지키기 위한 다양한 제안이 제시되었다 (Maurer et al., 2014).

를 근거로 제약 없이 EU 시민의 개인정보에 접근해서는 안 된다고 명시했다(강정수, 2015).

세이프 하버 협정의 무효화는 미국과 유럽이 다양한 가치를 둘러싸고 충돌하고 있음을 보여준다. 국가안보 이익과 디지털 경제의 주도권 경쟁, 데이터 보호제도의 충돌(포괄적 규제 대 제한적 규제), 프라이버시 관념의 충돌(기본적 인권 대 소비자권리)이 갈등의 기본 축이라 볼 수 있다.

테러 예방이라는 국가안보 측면에서는 미국과 EU의 안보 당국(국방, 정보, 법 집행기관 등)이 의견 차이를 크게 보이지 않았으나, 경제적 이익의 측면에서는 EU와 미국이 크게 대립했다. 미국은 EU의 엄격한 프라이버시 보호 제도를 '숨겨놓은 디지털 보호주의'라고 비난했다. 페이스북과 구글에 대한 유럽의 조사에 관한 2015년 2월의 한 인터뷰에서 오바마 대통령은 "미국의 기업들은 인터넷을 만들었고 확장했으며 완벽하게 만들어 유럽이 경쟁할 수 없게 했다. 프라이버시 보호와 같은 고상한 명분을 내세우는 것도 따지고 보면 그들의 상업적 이익을 증진하려는 것을 정당화하려는 의도로 보인다"고 주장했다(Farrell and Newman, 2016).

'유럽 디지털 단일시장 전략'(A Digital Single Market Strategy for Europe)은 2015년 5월 발표되었다. EU 집행위가 주도하고 있는 유럽 디지털 단일시장 전략은 미국과 중국의 인터넷 기업들이 주도하고 있는 세계 디지털 경제에서 EU 또한 중요한 역할을 하겠다는 강력한 의지로 해석된다. 제조업 강국 유럽은 통신 산업을 중심으로 정보기술 산업을 발전시켜왔다. 보다폰(영국), 텔레포니카(스페인), 오렌지(프랑스), 도이치텔레콤(독일)은 아프리카, 남아메리카, 중동, 아시아 등 과거 식민지 지배 지역을 중심으로 통신시장을 확대해왔다. 그러나 통신강국 유럽의 디지털 전략은 구글, 애플, 페이스북, 아마존 등 미국 디지털 기업의 공략 앞에 속절없이 무너졌다. 프랑스와 독일의 경제부 장관은 유럽이 미국의 '디지털 식민지'로 전락할 수 있음을 경고하며, 디지털 시장에서도 유럽이 단일 시장을 형성하고 이를 통해 유럽 기업의 경쟁력을 높여야 한다고 주장하고 있다. 이에 맞서 미국 오바마 대통령은 EU의 디지털 단일시장 전략을 '디지털 보호주의'라고 공격하고 있는 것이다. 따라서 개인정보보호규정과 관련된 미국과 EU의 각축은 유럽의 디지털 단일시장 전략을 둘러싼 대서양 양안 간 경제적 갈등과 깊은 관계에 있다고 볼 수 있는 것이다(강정수, 2015).

이렇듯 EU는 유럽의 디지털 경제에 대한 미국 기술 대기업의 지배에 크게 우려해 유럽 디지털 단일시장계획을 추진했고, 미국은 EU의 엄격한 프라이버시 보호제도가 일종의 디지털 보호주의라고 비판하면서 서로 대립했다. 미국의 NSA 등이 테러와의 전쟁이라는 국가안보 목적을 위해 미국의 기술 대기업이 보유한 데이터를 무기화했다는 점에서 미국의 기술 대기업들은 유럽 및 기타 지역에서 미국 기술 대기업의 공신력이 약화되는 것을 크게 우려했다. 이후 미국 대기업들은 미국 정부 당국에 대한 데이터 제공 협조에 부정적인 입장을 가지게 되었다.

대표적인 사례가 2015년 말에서 2016년 초반까지 전개된 애플과 미국 FBI(연방수사국) 간의 갈등이다. 이 갈등은 미 FBI가 지난해 12월 미국 캘리포니아주 장애인 시설에서 이슬람 극단주의에 경도된 부부가 총기를 난사해 14명이 숨진 테러 사건을 수사하면서부터 시작되었다. FBI는 이슬람극단주의무장단체(IS) 연계나 공범 여부 등을 수사하기 위해 테러범의 아이폰을 들여다보는 과정에서 암호 해제에 어려움을 겪자 애플에 협조를 요청했다. 하지만 애플은 소비자 프라이버시권을 명분으로 수사 협조를 거부했고, 미 법무부는 즉각 잠금장치 해제 명령을 내렸지만, 애플은 이것을 따르지 않았다. 애플은 FBI의 요구가 "개인의 아이폰에 마음대로 접근할 수 있는 '뒷문(backdoor)'을 만들어달라는 얘기다 …… 이는 '마스터 키'까지 요구하는 것"이라고 주장했다. 또한 미국의 대표적인 기술 대기업인 구글, 페이스북, MS의 대표들도 경쟁자인 애플 편을 들었다(임윤경, 2016).

이 사건은 FBI가 암호를 푼 것으로 결말이 났으나 미국 정부와 기술 대기업들 간의 관계가 매우 복잡하다는 것을 보여주는 상징적인 사건으로 기록되었다. 세계시장에서 비즈니스를 하고 있는 입장에서 미국 기술 대기업들은 스노든 폭로 사건 이후 크게 약화된 자신들에 대한 공신력에 치명상을 입힐 수 있는 사건으로 판단했다고 볼 수 있다. 예를 들어 구글을 살펴보자. 유럽에서 미국의 검색 대기업인 구글에 대한 부정적인 시각(Googlephobia)이 상당히 퍼져 있다. 프랑스의 한 비평가는 유럽시장에서 미국 기술 대기업들의 패권적 지위를 나타내는 약어인 'GAFA'를 만들어 많은 유럽인들의 주목을 받았다.[10] 구글 검색엔진의 시장 점유율은 미국 시장보다 유럽 시장에서 훨씬 더 높다. 미국 시장 점유율은 68%에 지나지 않은데 비해 유럽 시장 점유율은 90%에 이른다. 이를 배경으로 구글은 온라인 광고시장도 지배하고 있다. 또한 유럽경제를 주도하는 독일은 구글이 검색 엔진의 시장지배자를 넘어서 출판시장, 뉴미디어(유튜브), 자율자동차, 인공지능에서도 유럽을 크게 앞서고 있다는 데에 대해 경계심 정도가 아니라 거의 공포감까지 느끼고 있다. 이러한 분석은 국가안보를 위한 데이터 감시, 프라이버시 보호, 디지털 경제의 진흥 정책이 상호 복잡하게 얽혀, 미국과 유럽 간의 갈등뿐만 아니라 유럽과 미국 내부에서도 모두 정부와 기업 간의 갈등이 만만치 않다는 점을 잘 보여준다고 할 수 있다(Segal, 2016: chap.6).

3) 프라이버시 실드(Privacy Shield) 협정

2013년 6월 스노든의 폭로 이후 세이프 하버 협정에 대한 유럽의 반대 분위기가 커져서 이것의 붕괴는 어느 정도 예견된 일이었으므로 협정의 붕괴 이전부터 미국과 EU는 후속 협정을 논의해왔다. 세이프 하버 협정이 무효화된 이후 곧 2016년 1월에 프라이버시 실드가 체결되었다. 이는 세이프 하버보다 데이터 보호를 위한 규정과 절차가 더 보완된 제도다. 미국과 EU 기업들은 대체로 안도했다. 미

---

10 GAFA는 구글, 애플, 페이스북, 아마존의 첫 자를 모아 놓은 신조어이다.

국 기업에 대한 미국 정부의 감독 의무가 커지고 EU 시민들의 이의 제기 절차가 더 간편해졌기 때문이다. 유럽 시민이 이의를 제기하는 경우, 미국 기업은 45일 이내에 대응해야 하며 미해결 시 이의 제기에 대해 EU 회원 국가의 정보보호 당국이 미국 상무부, 연방거래위원회(FTC)와 함께 조사할 권한을 갖는다(Weiss and Archick, 2016).

그러나, 프라이버시 사회운동 그룹(Privacy International 등)은 프라이버시 실드 협정이 여전히 한계를 지니고 있다고 비판한다. 부분적인 개선이 이루어졌으나 대량감시 문제를 해결하지 못했다고 주장한다. 스노든에 의해 폭로된 대량감시가 세이프 하버 무효화의 이유였지만, 미국의 감시법인 FISA(Foreign Intelligence Surveillance Act) 하에서 미국 법 집행기관들(FBI 등)은 합법적으로 비미국 시민들을 감시할 수 있다. 대량감시 대신 표적감시가 요구되었으나 이것도 보다 엄격한 EU의 법을 충족하지 못하고 있다는 것이다. 또 미국의 프라이버시 보호나 대량감시의 가능성을 여전히 남겨놓고 있다고 비판받는 감시법의 개혁이 요구되었으나, EU와 미국 정부는 '프라이버시 실드' 만으로도 당분간은 충분하다고 생각했다(Finley, 2016).

2016년 10월 초 야후(Yahoo)가 미국 NSA의 요청을 받아 미국 국내외 시민 수억 명의 이메일을 실시간으로 감시했다는 보도가 나왔다. 이는 대량감시를 실시했다는 의미이며, 프라이버시 실드가 여전히 한계를 지니고 있음을 보여주는 것이다.[11]

---

11 FISA 702조에 따르면, NSA가 비미국인의 전자통신을 수집하고 분석할 수 있는

정보 당국의 권한을 어떻게 다시 규정하는가가 핵심 이슈라고 볼 수 있다. '영장 없이는 미국인의 데이터를 검색, 수색할 수 없도록 해야 한다 등'의 좀 더 엄격하게 적용할 필요가 있다는 주장이 제기되고 있다(≪New York Times≫, 2016.10.9).

국내에서도 '한국판 프라이버시 실드' 도입 주장이 대두되고 있다. 구글의 지도 반출 논쟁에서 보듯이 페이스북, 구글 등에 의해 시민들의 개인정보가 국외로 유출되는 데 대해 대응책이 미비하다는 지적이 제기된다. 우리 국민의 개인정보가 미국의 기술 대기업으로 넘어갈 경우 개인정보 유출이나 법 위반 관련 자료를 요청하기 위해서는 미국 정부나 해당 미국 기업들의 협조를 구해야 하는 상황이라 사실상 관리의 사각지대에 놓여 있다고 볼 수 있다.

그러나, 미국-EU 간에 체결된 프라이버시 실드는 국제협정이다. 한국판 프라이버시 실드도 우리의 국내적 노력만으로는 도입될 수 있는 것이 아니며 우리의 의지대로 프라이버시 실드 협정이 체결되기에는 어려움이 있다. 상당한 준비와 교섭 과정이 필요하다. 다만 제한적으로 국내 입법의 필요성을 제기할 수 있을 것이다. 이에 두 가지 이슈가 구분되어 논의될 필요가 있다. 하나는 시민들의 정보 프라이버시 보호에 관한 이슈이고 다른 하나는 정보주권에 관련된 이슈이다. 이 두 이슈는 상호보완적인 측면도 있지만 상충하는 측면

권한을 가지고 있다. 비미국인의 전자통신도 미국인을 상대로 일어날 수 있어서 미국인을 감시하게 되는 결과를 초래할 수 있다. 다만, 이 규정은 수정이 없으면 2017년 말 무효화되도록 되어 있다.

도 있다. 국가에 의한 정보주권의 강화는 의도하지 않은 결과로 개인들의 프라이버시 권리의 약화를 초래할 수 있다. 중국과 러시아와 같은 권위주의 국가의 경우가 전형적인 사례이지만 민주주의 국가에서도 이러한 상충이 나타날 수 있는 것이다.

4. 함의 및 정책 제언

EU는 경제의 디지털화가 미국 기술 기업의 주도로 발전해나가는 것을 우려해왔다. 특히, 유럽경제를 이끌고 있는 독일이 미국 주도의 디지털 경제를 가장 심각하게 우려하고 있다. 이에, 독일의 주도로 유럽 단일 디지털시장이라는 프로그램을 시작했고, 2011년 정부-민간 협력체제를 구축해 'Indsutrie 4.0'을 시작한 것이다. 2016년 세계경제포럼(WEF)의 4차 산업혁명 제안도 여기에서 비롯되었다고 볼 수 있다. 미국은 미국대로 세이프 하버 협정의 붕괴가 유럽의 엄격한 개인정보보호제도에 기인하는 것이라고 비난하면서, 유럽의 프라이버시 보호를 '숨겨놓은 디지털 보호주의'라고 비판했다.

빅데이터 현상은 데이터 감시와 프라이버시 보호 문제를 매개로 국가안보 이슈와 연결되고, 다른 한편으로는 미국-유럽 간 디지털 경제의 주도권 경쟁과 연결되어 있다. 빅데이터의 국제정치·경제적 현상이라고 할 수 있다.

이런 국제환경에 대처하기 위한 한국의 방안은 무엇일까? 세 가지 영역에서 함의를 도출하고 정책을 제안한다.

첫째, 안보외교 측면이다. 국민국가 중심의 군사안보를 중시하는 전통적 국가안보 이슈보다 이른바 신흥안보(emerging security) 이슈를 중심으로 분석할 필요가 있다(김상배, 2016). 신흥안보 이슈가 중요한 것은 시민들의 일상생활 속에서 체감되고 있고 그 부정적인 외부효과가 갈수록 사회 전반에 걸쳐 커지고 있다는 점이다. 또한 신흥안보 이슈는 지역 내 인접한 국가들 사이에 크고 작은 갈등과 분쟁을 야기할 수 있는 요인으로 작용할 수 있다. 신흥안보 이슈는 기후변화, 광역 환경문제, 원자력 발전 사고와 방사능 유출, 질병의 지역적·국제적 확산, 대규모 난민 이동, 테러활동 증가, 사이버 안보 이슈, 개인정보 유출과 같은 데이터 보호와 안전 이슈 등 매우 다양하고 국가마다 경중이 다르다. 이 중에서 개인정보보호에 관련된 데이터 보호 이슈가 중요하지만, 특히 사이버 공간 내 데이터 감시 이슈와 사이버 안보 문제에 주목할 필요가 있다.

한국은 2011년 엄격한 기준의 '개인정보보호법'을 제정해 시행하고 있다. 이는 국제 표준으로 경쟁하고 있는 미국(제한적 규제체제)과 유럽(포괄적 규제체제)의 개인정보보호제도 중에서 유럽 체제에 가깝다고 할 수 있다. 유럽이 개인정보보호를 기본권으로 인정하고 EU 및 개별 국가 수준에서 상설 개인정보보호담당기관(Data Protection Commissioner)을 운영하고 있는 점은 우리와 차이점이다. 또한, EU는 2017년 좀 더 엄격하고 포괄적인 'General Data Protection Regulation'(GDPR)의 시행을 앞두고 있다.

한국도 2015년 12월 한국-EU 자유무역협정의 발효에 맞추어 개인정보보호 레짐(regime)의 조화를 위한 여러 가지 노력을 하고 있다. 행정자치부 주관의 'EU 개인정보 보호 수준 적정성 평가'가 대표적인 예이다. 그렇지만 개인정보보호를 위한 국제 규범은 형성 중에 있다고 할 수 있다. 이러한 규범 형성에 우리의 입장을 투입하는 노력이 중요하다. 최근 국회를 중심으로 '한국판 프라이버시 실드'를 만들자는 논의가 제기되고 있다. 이것은 국내적 입법으로만 가능한 것이 아니고 미국이나 EU와의 협상이 필요한 외교적 사안이다. 외교부 중심으로 필요성, 방향, 구체적인 내용에 관한 준비가 필요하다고 볼 수 있다.

또한, 4차 산업혁명에 따른 산업인터넷과 사물인터넷의 전개는 사이버 안보 이슈를 더 복잡하게 만드는 요인이 된다. 기업들이 국내나 국외에 걸친 공급 사슬의 관리에서 사이버 안보 문제를 더 중시해야 하고 이를 둘러싼 국제협력과 규범 형성 노력에서 정부와 기업이 더 밀접한 협력을 할 필요성이 있다.

둘째, 경제외교 측면이다. 국가-기업(외국 기업 포함) 관계의 중요성을 인식해야 한다. 세계 디지털 경제에서는 '정보의 자유로운 유통 원칙'을 내세운 미국이 패권적 지위를 배경으로 미국 기술 대기업들의 글로벌 경영전략과 비즈니스 행위가 매우 중대한 영향을 미친다. 제4차 산업혁명의 환경에서는 이러한 미국 기술 대기업의 시장권력은 오히려 확대되지 감소되지는 않을 것이다. 최근 몇 년간 끌어온 구글과의 지도 반출 협상에서 알 수 있듯이 글로벌 대기업은 해당

국가의 정부 당국과 직접적인 협상에 나서는 사례가 많아지고 있다. 국가-글로벌 대기업 간 관계에서는 과세 문제, 국내 공정거래법의 준수 등도 큰 이슈이지만 개인정보보호도 또한 중요한 이슈가 되어 왔다. 이러한 점에서 개인정보보호에 대한 민감성, 사이버 안보의 중대성 인식과 같은 디지털 경제외교라는 새로운 영역이 등장하고 있음을 주목할 필요가 있다. 이러한 이슈들이 외교 당국의 고유한 업무 영역이 아니지만, 국내 담당 부처와의 긴밀한 협력과 공조 속에서 이러한 새로운 업무를 수행할 준비가 필요하다.

국제개발 분야는 경제외교의 측면에서 한국이 중견 국가로서 개도국과 강대국을 연결하는 역할을 수행할 수 있다. 4차 산업혁명과 글로벌 공급 사슬의 구조 변화의 맥락에서 보면 산업화 전략의 측면에서 개도국들에게 부정적인 효과가 가장 크게 나타날 수 있다. 개도국은 온전한 산업 공급 사슬을 갖추면서 산업화를 달성하기가 어려워지는 것이다. 산업화가 저렴한 인건비를 기초로 생산의 특정 단계인 제조 단계에서 특화되는 경향이 커질 수 있는 것이다(배영자, 2016). 개도국에 대해서 한국형 개발모델을 전파하고 한국의 산업화 경험을 확산시키는 것이 적절하지 않을 수도 있는 것이다. 국제개발 협력외교와 특히 그 수단으로서 ODA(해외개발원조) 전략을 재점검할 필요가 있다.

경제정보 수집의 영역을 확대할 필요가 있고 정부 부서 간 협력과 민관 협력이 필요하다. 중요한 것은 협력과 공조를 위한 플랫폼의 확립과 이를 위한 제도적 뒷받침이다. 또한, 정부 관료, 전문가, 기업인 등의 정보 수요(needs)를 조사하고 이를 반영하여 경제정보를 수집하고 배포하는 노력이 필요하다.

셋째, 외교정책의 국내 정치사회적 지지 기반 확보가 필요하다. 외교 정책과 추진에 대한 국민들의 사회적 공감대 형성이 중요한 것이다. 홍보 담당 부서에서 빅데이터 분석을 통해 외교 정책과 추진 혹은 당면한 외교적 이슈에 대한 트렌드를 분석하고 이것을 토대로 사회적 공감대 형성을 위한 노력이 필요하다. 이 경우에도 국민들에게 다가갈 수 있는 텍스트, 이미지, 영상을 고루 활용하는 것이 효과적인데, 이를 위해서는 학문적으로는 과학적 지식, 사회과학적 지식, 인문학적 지식의 협업이 필요할 것이다.

과학기술자문관 제도의 필요성도 대두된다. 대부분의 신흥안보 이슈는 과학기술적 이슈의 성격을 지닌다. 과학기술 지식만으로는 해결하기 어렵지만 과학기술 지식을 통한 이해가 필요한 이슈이다. 과학기술적 지식을 포함하는 신흥안보 이슈를 종합적으로 이해하고 판단하기 위해서는 과학기술 전문가의 자문이 필요하다. 미국 국무성의 경우처럼 과학기술 자문관 제도를 운용하는 것을 고려할 필요가 있다. 소수의 자문관이 모든 이슈를 직접 다루기 어렵지만 과학기술계와의 연결 통로를 확보할 수 있을 것이다.

참고문헌

강정수. 2015. "세이프 하버 무효화의 의미," Naver Letter(10월 30일). http://nter. naver.com (검색일: 2016.2.21).

김상배. 2016. 「신흥안보와 메타 거버넌스: 새로운 안보 패러다임의 이론적 이해」. ≪한국정치학회보≫, 50(1), pp. 75~104.

배영자. 2016. 「4차 산업혁명, 제조업과 세계가치사슬 변화, 한국외교」. 외교부 국제경제국 패널 1 '4차 산업혁명과 한국외교(라운드테이블), 한국국제정치 학회 60주년 기념 연례학술회의(2016.12.2).

슈나이어, 브루스(Bruce Schneier). 2016. 『당신은 데이터의 주인이 아니다: 빅데이 터 시대의 생존과 행복을 위한 가이드』. 이현주 옮김. 반비.

슈밥, 클라우스(Klaus Schwab). 2016. 『클라우스 슈밥의 제4차 산업혁명』. 송경 진 옮김. 메가스터디(주).

이광현. 2009. 「개인정보보호를 위한 국제적 협력에 관한 연구」. 고려대학교 대 학원 박사학위논문.

임윤경. 2016.2.25. "애플과 FBI의 갈등 '정보인권'의 길을 묻다". ≪IT Times≫.

정보화진흥원(NIA). 2016.7.30 "지능화 시대의 새로운 생산3요소: 데이터·AI·알고 리즘". ≪IT & Future Strategy≫, 제4호.

조현석. 2016. 「빅데이터 시대 미국-EU간 개인정보보호 분쟁과 정보주권에 대한 함의」. ≪21세기정치학회보≫, 26(2), pp. 99~119.

조화순. 2006. 「사이버 공간의 글로벌 거버넌스: 개인정보 국외이전과 관련한 미 국-EU의 갈등」. ≪국제정치논총≫, 46(1), pp. 165~181.

Baldwin, Richard. 2012. "Global Supply Chains: Why They Emerged, Why They Matter, and Where They Are Going." *CTEI Working Paper*(2012-13).

Deibert, Ron. 2015. "The Geopolitics of Cyberspace After Snowden." *Current History*(January), pp. 9~15.

Donohue, Laura K. 2016. *The Future of Foreign Intelligence in a Digital Age.* New York: Oxford University Press.

Economist. 2012.8.4. "Huawei. The company that spooked the world."

_____. 2016.6.25. "Special Report, Artificial Intelligence."

_____. 2016.12.3. "Siemens and General Electric gear up for the internet of things."

_____. 2016.12.17. "Google's Hippocampus." pp. 53~54.

Farrell, Henry and Abraham Newman. 2014. "The New Politics of Interdependence: Cross-National Layering in Trans-Atlantic Regulatory Disputes." *Comparative Political Studies*, 48(4), pp. 497~526.

_____. 2016. "The Transatlantic Data War: Europe Fights Back Against the NSA." *Foreign Affairs*(Jan/Feb).

Finley, Klint. 2016. "Privacy Shield will let US Tech Giants grab Europeans' Data." *Weird,* June 12, 2016.

Keiber, Jason. 2015. "Surveillance Hegemony." *Surveillance & Society*, 13(2), pp. 168~181.

Kobrin, Stephen. 2004. "Safe Harbours are Hard to Find: The Trans-Atlantic Data Privacy Disputes, Territorial Jurisdiction and Global Governance." *Review of International Studies*, 30, pp. 111~131.

Maurer, Tim et al. 2014. "Technological Sovereignty: Missing the Point? An Analysis of European Proposals after June 5, 2013." (Nov.).

Mayer-Schönberger, Viktor and Kenneth Cukier. 2013. *Big data: A revolution that will transform how we live, work, and think.* Houghton Mifflin Harcourt, 2013.

Newman, Abraham L. 2008. *Protectors of Privacy: Regulating Personal Data in the Global Economy.* Ithaca, NY: Cornell University Press.

Schwartz, Paul M. and Daniel J. Solove. 2014. "Defining 'Personal Data' in the European Union and U.S." *Privacy and Security Law Report*, The Bureau of

National Affairs, Inc. (Sep. 25) http://www.bna.com(검색일: 2016.3.20).

Segal, Adam. 2016. *The Hacked World Order: How Nations Fight, Trade, Maneuver, and Manipulate in the Digital Age*. New York: PublicAffairs.

United States Executive Office of the President, President's Council of Advisers on Science and Technology. 2014. "Report to the President, Accelerating U.S. Advanced Manufacturing." (Oct.)

Weiss, Martin A. and Kristin Archick. 2016. "U.S.-EU Data Privacy: From Safe Harbor to Privacy Shield." CRS(Congressional Research Service) Report (May 19).

제2부

데이터 사회의 새로운 아젠다
The New Agendas in Datafied Society

3장

데이터 시대와
데이터 윤리

윤상오

1. 정보기술과 윤리 문제

기술이 주도하는 세상의 변화는 점점 빨라지고 있다. 농업기술은 수천 년을 갔지만 정보기술은 길어야 수년이고 짧게는 몇 개월이다. 이윤 추구와 생존을 목적으로 기업들이 벌이는 기술개발 경쟁은 그야말로 눈이 핑핑 돌아갈 정도이다. 아침에 눈을 뜰 때마다 새롭게 등장하는 신기술들은 온갖 화려한 미사여구와 속삭임으로 우리를 유혹한다. 이것들에 동참하기를 주저하거나 망설이는 것 자체가 퇴보나 도태를 의미하며, 빨리 써보고 빨리 적응할수록 앞서간다는 인식도 팽배하다. 새로운 기술들이 가져올 장밋빛 미래는 '테크노피아'에 대한 환상을 심어주고 있다.

정보기술은 점점 가능성을 현실로 만들어가고 있다. 모든 상상을 현실로 구현해가면서 우리를 유혹한다. 우리는 누구나 이런 상상을 한번쯤 해보았을 것이다. 말만 하면 주변의 모든 것들, 예컨대 컴퓨터, 스마트폰, 냉장고, 세탁기, 청소기, 자동차 등이 스스로 알아서 필요한 일들을 척척 해준다면 얼마나 좋을까? 나는 그냥 말만 하면 되고, 생각만 해도 되고, 심지어 말하지 않아도, 잊고 있거나 미처 생각하지 못한 것도 알아서 척척 해준다면 얼마나 좋을까? 식당에 가면 먹고 싶은 음식을 알아서 척 가져다주고, 쇼핑몰이나 백화점에 가면 사고 싶은 물건을 척 보여주고 관심가질 만한 물건들을 쭉 나열해주면 얼마나 좋을까? 아이가 학교에 입학하고 부모님이 아플 때마다 받을 수 있는 각종 복지서비스와 수당 및 혜택을 알아서 다 나열해주고, 내가 선택만 하면 알아서 다 제공해준다면 얼마나 좋을까? 피곤할 때 한숨 잘 수 있도록 자동차가 스스로 운전을 해서 목적지에 정확하게 데려다 준다면 얼마나 좋을까? 내 컴퓨터나 스마트폰이 오늘 만날 사람의 취향과 성격을 알려주고, 어떻게 대응해야 하는지도 코치해주며, 어떤 옷을 입고 어떤 향수를 뿌리는 것이 좋은지도 알려준다면 얼마나 좋을까?[1]

그런 세상이 좋은 세상이고 우리가 꿈꾸는 유토피아인가? 내 주변의 모든 것들이 내가 필요로 하는 일을, 내가 원하는 일을 알아서 척척 해주는 것은 어떻게 가능할까? 나에 대한 모든 것들을 다 알아야 가능하지지 않을까? 나에 관한 기본적인 정보뿐만 아니라 유전자, 건

---

1 마크 저커버그(Mark Elliot Zuckerberg) 페이스북 CEO가 2016년 12월 20일 인공지능 비서 '자비스(Jarvis)'를 공개했다. 자비스는 스마트홈 인공지능 비서다. 아침에 일어나면 일정과 날씨를 알려주고, 토스트를 준비해주고, 음악도 골라서 틀어준다.

강, 취향, 사상 등에 관한 모든 것을 다 알아야 하고, 업무, 만나는 사람, 친한 친구, 자주 가는 식당과 주문 메뉴, 마시는 술의 종류와 양 등에 대해서도 다 알아야 한다. 나의 버릇과 습관까지도 다 알아야 한다. 심지어 내가 모르거나 미처 생각해보지 못한 나에 관한 것들까지도 다 알아야 한다. 나에 관한 모든 것들이 수집되고 기록되어야 가능한 일이고, 분류되고 분석되고 추론되어야만 가능한 일이다.

나에 관한 모든 것들이 나도 모르게 어딘가에 기록되고 분류되고 분석되고 저장되는 것이 정말 나에게 좋기만 한 것일까? 누군가가 나에 대한 모든 것을 다 알고 있는 것이 정말 나를 위해서만 활용될까? 나도 모르는 누군가가 내가 누구인지를 정확하게 알고(Identity), 나의 성향과 습관 그리고 장단점까지 다 알고(Reputation), 내가 누굴 만나서 무엇을 먹고 무슨 말을 했으며 무슨 선물을 사줬는지 다 알고(Privacy) 있다는 것이 좋은 일일까? 내가 알려지기를 꺼려하는 사람들에게까지 내가 누구인지 다 알려지고, 내가 원하지 않거나 싫어하는 방식으로 나에 대한 평판이 이루어지고, 내가 절대로 노출하고 싶지 않은 나의 깊은 이념 성향이나 성적 취향 등까지도 다 알려진다면 어떻게 될까? 누군가가 나를 이용하기 위해서, 공격하기 위해서, 경쟁에서 떨어뜨리기 위해서, 또는 그냥 심심해서 나에 관한 데이터를 조작하고, 나에 관한 명성이나 평판을 왜곡하고, 은밀한 나의 사생활을 퍼뜨린다면 어떻게 될까? 내가 가는 곳마다 미리 알아서 불쑥불쑥 내가 원하는 것 또는 필요로 하는 것들을 눈앞에 들이미는 상황이 반복된다면 어떻게 될까? 나보다도 나를 더 잘 알아서 심지어 내 감정을 조종하고 내 행동을 통제하며 내 생각을 교정하려 든다면 어떻게 될까?

이러한 일들은 단지 상상만이 아니라 실제로 현실이 되어가고 있다. 사물인터넷(IoT)이 방대한 양의 데이터(big data)를 수집하고 이를 클라우드 컴퓨팅에 저장하며 인공지능(AI)이 이를 분석하고 추론하고 학습함으로써 꿈이 현실로, 가능성이 실제로 되어가고 있는 것이다. 우리는 본격적으로 데이터 기반의 인공지능 시대를 맞이하고 있다. 온갖 장밋빛 청사진과 시나리오가 우리를 유혹한다. 데이터와 인공지능이 가져올 테크노피아는 멀지 않은 것처럼 보인다. 그러나 데이터 기반의 인공지능 세상이 다 좋기만 한 것인가? 아니면 좋은 혜택을 받기 위해서는 어느 정도의 사생활 침해나 생활에 대한 간섭 및 통제를 감수해야 하는가? 이러한 세상이 되면 나에 관한 데이터는 더 이상 내 것이 아닌가? 나는 나의 데이터에 대한 소유권이나 통제권을 내주고 혜택을 받을 수밖에 없는가? 기업이 이윤추구를 위한 목적으로 나를 유혹하는 것을 넘어 조종하거나 통제하거나 세뇌시키려 한다면 어떻게 할까? 정부가 정권 연장이나 정치적 목적을 위해 나의 사상이나 이념을 통제하거나 나의 사생활을 간섭하거나 조정하려 한다면 어떻게 할까? 내 컴퓨터가 나를 위한다는 목적으로 내가 상대해야 할 거래 파트너의 성격이나 취향을 넘어서 질병, 범죄 기록, 성적 취향 등의 약점이 될 만한 정보까지 나에게 알려주기 시작하면 나는 어떻게 해야 할까? 내 자동차가 주행 중 긴급상황 발생 시 나를 보호하기 위해 스스로 알아서 무단 횡단을 하는 어린이들을 친다면 어떻게 될까?

데이터 기반의 지능정보 사회는 필연적으로 다양한 부작용들을 양산할 수밖에 없다. 단순한 기술일수록 부작용과 문제를 파악하기 쉽고, 복잡하고 첨단화된 기술일수록 부작용과 문제를 파악하기 어렵다. 세상에 완벽한 기술은 없고, 항상 부작용과 문제를 가질 수밖에 없으며 피하는 것도 불가능하다.[2] 방대한 시스템과 네트워크를 연결해 데이터들을 무한대로 수집하고 이를 복잡한 알고리즘에 따라 분류·분석·추론해 지능화된 서비스를 제공하는 데이터 기반 지능정보 기술은 우리의 예측을 벗어나는 부작용과 문제를 얼마든지 만들어낼 수 있다.

우리는 기술의 발전과 그것이 가져올 긍정적 효과에만 눈이 멀어 그 이면에 있는 다양한 부정적 측면과 문제들을 간과하고 있는 건지도 모른다. 특히 이러한 부작용들이 개인의 사생활이나 인권을 침해하거나, 시민들의 생명을 위협하고 자유를 억압하거나, 개인에게 경제적·사회적 손실을 초래한다면 간과할 수 없는 일이다. 그럼 어떻게 해야 할까? 법과 제도를 통한 대처에는 한계가 있다. 법·제도는 기술발전을 따라갈 수 없고 지체 현상은 필연적이다. 법·제도가 다양한 분야에서 발생하는 수많은 문제들을 다 포괄하는 것도 불가능

---

2 『무엇이 재앙을 만드는가?: '대형 사고'와 공존하는 현대인들에게 던지는 새로운 물음(Normal Accidents: Living with High-Risk Technologies)』(2013, 찰스 페로 지음, 김태훈 옮김)에서는 첨단화되고 자동화된 기술이라 할지라도 대형사고(Accident)는 필연적이며 불가피하다는 사실을 잘 나타내주고 있다.

하다. 법과 제도가 담당하는 영역은 필요 최소한의 필수적인 영역이 될 수밖에 없으며, 나머지 부분은 결국 윤리의 영역으로 남게 된다. 우리는 데이터 기반의 인공지능 기술을 개발하고 활용하기에 앞서 필연적으로 그것이 초래할 부작용과 문제를 살펴야 하고, 이것을 방지하기 위한 논의를 활성화시키고 안전장치를 마련해야 한다. 그것은 데이터 기반 인공지능 시대에 필수적인 윤리 문제이다.

2. 데이터 시대의 윤리 문제 양상

모든 기술과 마찬가지로 빅데이터 기술, 인공지능기술 등은 윤리적으로 중립적이다. 본질적으로 선하지도 않고 악하지도 않다. 어떤 기술이 악한지 선한지는 기술 자체의 문제가 아니라 그것을 개발하고 사용하는 사람의 문제이다. 아인슈타인의 핵물리학 이론은 핵폭탄 개발에 활용되어 인류 최악의 대량살상무기 탄생에 기여하기도 했지만, 핵 발전소를 통해서 에너지 문제를 해결하는 데도 기여했다. 생명과학 분야에서 첨예한 윤리 문제를 유발했던 배아복제나 줄기세포 기술은 인간 복제에 사용되느냐 난치병 치료에 사용되느냐에 따라서 가치가 달라진다. 이러한 측면에서 볼 때 데이터 기반의 인공지능기술도 그 자체가 아니라 개발 목적과 활용 방식에 따라서 얼마든지 윤리적일수도 비윤리적일 수도 있다.

이러한 기술들이 윤리 문제를 유발하는 양상을 몇 가지로 분류해

볼 수 있다. 첫째, 의도적으로 빅데이터 기술을 남용·오용·악용하는 경우이다. 전직 미국 CIA 요인인 에드워드 스노든에 의해서 폭로된 미국 국가안보국(NSA)의 세계 각국 정치 지도자들에 대한 도청사건은 가장 대표적인 예이다. 지식정보 사회의 도래와 함께 가장 많은 윤리적 논쟁을 유발했던 '빅브라더의 문제'는 데이터 사회가 진전될수록 줄어들기는커녕 더욱 심해질 것이다. 과거에는 개인에 관한 정형화된 정보(주소, 전화번호, 재산 상태, 납세 상태, 배우자 성명 등)와 개인 행태에 관한 정보(카드 사용기록, 병원기록 등) 그리고 개인의 활동 기록(CCTV 기록) 등이 중심이었다면, 최근에는 개인이 SNS 등 사이버상에 남긴 각종 흔적들[방문 기록, 댓글 기록, 친구와의 채팅, 찬반 의견 표시('좋아요'), 온라인 서명 등]까지 수집되고 분석된다. 누군가가 알고자 마음만 먹는다면 나의 신원(identity)뿐만 아니라 나에 대한 평판(reputation)은 물론이고 나의 사생활(privacy)까지 다 알 수 있다. 더욱 심각한 것은 나의 정치적 성향이나 이념까지도 추론이 가능하고, 심지어 회사 퇴사 가능성, 정당 입당 가능성, 결혼 가능성, 범죄 가능성까지도 예측이나 추론이 가능하다는 것이다. 나보다도 나를 더 잘 아는 사람이 나를 공격하거나 통제하려 든다면 뼛속까지 탈탈 털릴 수도 있는 상황이 도래한 것이다.

둘째, 의도하지는 않았지만 윤리적인 문제를 유발하는 경우이다. 노벨이 다이너마이트를 개발한 것이나 아인슈타인이 핵물리학 이론을 만들어낸 것이 사람을 죽이기 위한 목적이 아니었지만 결과적으로 그렇게 된 것과 마찬가지로, 많은 빅데이터 기반 지능정보 기술들도 의도와는 달리 활용될 수 있다. 질병 치료를 목적으로 개발한 인간 유전자 지도와 개인의 유전자 분석 기술이 점점 활용 범위가 넓어짐으로써 나타나는 문제가 대표적이다. 유전자 분석기술을 이용해 아이의 질병 발생 가능성뿐만 아니라 공부를 잘 할지, 어떤 분야로 나가면 유리할지도 분석한다든지, 결혼을 앞두고 상대방과의 궁합을 확인한다든지, 더 나아가서 범죄 유발 가능성까지를 예측하는 데 활용되는 것은 무서운 일이다. 내 유전자에 나도 모르는 범죄 유발 요인이 잠재되어 있고, 이로 인해서 내가 현재 저지르지도 않는 가능성만으로 채용이나 결혼을 거절당하는 등 차별이나 격리를 당하는 것은 심각한 인권 침해이다. 기업들이 고객의 성향에 따른 맞춤 서비스를 제공하기 위해 고객에 관한 모든 데이터를 무제한으로 수집하고 이를 종합화하고 추론하는 기술도 마찬가지이다. 기업들이 아무리 고객의 인권을 침해할 의도가 없다고 하더라도 그 기술 자체는 얼마든지 다른 의도로 활용됨으로써 윤리적인 문제를 유발할 수 있다. 또한 기업들은 개인들의 모든 기록 데이터를 거의 영구적으로 보관하는 기술을 개발해 활용하고 있다. 비즈니스에 활용할 목적이라고 하지만, 내 자신도 까맣게 잊은 그 옛날의 나의 행위나 흔적들까지 모두 보관하면서 필요 시 꺼내서 활용하는 것은 한편에서 보면 끔찍한 일일 수 있다. 10년 전 또는 그보다 훨씬 더 전에 어떤 사이트나 게시판에 별 생각 없이 내뱉었던 말들이 현재의 나를 평가하고 단죄하는 데 활용된다면 얼마나 무서운 일인가. '잊혀질 권리'가 빅데이터로 인해 사라지면서 모든 개인은 책임질 수 없는 시간적 범위까지 책임져야 할 상황을 맞이할 수밖에 없다.

셋째, 인간의 실수나 오류로 인해서 기술이 윤리적 문제를 유발하는 경우이다. 빅데이터 기술은 현실을 분석하고 이해하기 위해 인간이 만든 알고리즘에 기반을 두고 있다. 문제는 알고리즘 자체가 완벽하지 못하고 문제를 내포할 수 있다는 것이다. 현재 많은 금융기관에서는 방대한 고객의 데이터들을 수집 분석해 신용등급을 매기는 알고리즘을 개발해 활용한다. 이러한 알고리즘이 어떻게 만들어졌는가는 명확하게 공개된 바가 없지만, 본인이 납득할 수 없는 이유로 신용등급이 결정되는 사례가 빈번해지고 있다. 2008년 글로벌 금융위기를 일으킨 주범 중의 하나도 주택담보대출 파생금융상품에 쓰인 빅데이터 분석 기술이다. 여기에는 복잡한 수학적 알고리즘이 활용되었는데, 정작 현실에 맞춰 교정할 수 있는 기능은 결여되어 있었다. 2009년 미국 워싱턴 D.C.에서 이뤄진 교사 평가, 미국 내 24개 주에서 쓰이는 재범 확률 예측 기법 등도 이와 유사하다. 빅데이터 분석에 활용된 수학적 알고리즘이 문제인데 이의 논리적 일관성과 엄밀성, 현실적 타당성 등을 검증할 수 있는 별도의 장치도 없다는 것이다.[3] 빅데이터 분석에서 유명한 격언은 'GIGO'(Garbage In,

---

[3] 바너드대학교 수학과 교수 출신으로 헤지펀드 디이쇼 등에서 퀀트(quant, 계량분석가)로 일했던 케이시 오닐(Cathy O'Neil)은 2016년 9월 『수학적 파괴의 무기(Weapons of Math Destruction)』라는 제목의 책을 발간했다. 대량살상무기(WMD)를 의식해 붙여진 제목처럼 빅데이터 분석이 어떤 경제적·사회적 문제를 일으킬지 신랄하게 비판하는 내용이었다(≪Economy Chosun≫, 2016.10.23).

Garbage Out)이다. 방대한 양의 데이터 자체가 중요한 것이 아니라 얼마나 양질의 데이터를 수집해 활용하느냐가 중요하며, 그보다 더 중요한 것은 이러한 데이터를 분석할 수 있는 알고리즘을 어떻게 설계하느냐이다. 결국 문제는 데이터가 아니라 알고리즘이며, 알고리즘은 인간이 만드는 것이므로 모든 문제는 인간으로 귀결된다.

넷째, 빅데이터 기술 자체의 오류이다. 기술은 책임이 없고 기술에게 윤리를 요구할 수 없으므로 결국 인간의 책임이 된다. 이것은 인간의 기술에 대한 지나친 믿음이나 맹신이 불러오는 윤리의 문제이다. 완벽한 인간이 없듯이 완벽한 기술도 없다. 어떠한 기술도 반드시 오류와 고장을 내포하고 있고, 사고를 일으킬 수 있다. 기술의 복잡성이 커질수록 오류의 가능성도 더 커진다. 시스템 이론에서 보면 부분적으로는 문제가 없는 개별 시스템을 여러 개 연결해 거대 시스템을 만들 경우 원인을 찾기 어려운 오류들이 빈번하게 발생한다. 부분적으로는 문제가 없지만 전체적으로는 문제가 있는 것이다. 페로(Charles Perrow)는 자신의 저서 『정상 사고(Normal Accidents)』에서 사고는 예외적인 것이 아니라 일상적으로 일어날 수 있으며, 사고의 원인은 시스템의 복잡성에 있다고 했다. 사물인터넷이 내장된 도로와 주변의 광범위한 물체들로부터 데이터를 수집하고 인공지능이 이를 분석하면서 스스로 운전을 하는 자율주행차는 매우 복잡한 시스템으로 구성되어 있다. 주변의 신호체계, 자동차, 건물이나 시설물 등과 끊임없이 데이터를 주고받으면서 도로에서 일어나는 크고 작은 움직임들을 실시간 감지하고 판단해서 자동차를 통제하는 것이다. 이러한 시스템에서 어느 한 곳의 사소한 오류도 큰 사고로 이어질 수 있고, 부분적으로는 오류가 없다 하더라도 사고는 발생할 수 있다. 물론 사고는 인간이 운전하는 자동차에서도 일어날 수 있다. 문제는 사고 발생 가능성이나 유무가 아니라 이에 대한 충분한 논의와 대비가 어느 정도 이루어졌는가이다. 기술에 대한 맹신이 윤리 문제를 간과하도록 할 경우 문제는 심각해진다.

3. 데이터 시대의 윤리 문제 유형

데이터 시대의 윤리 문제는 누가 일으키고 왜 발생하는가? 첫 번째는 데이터 기반의 인공지능 기술을 연구하고 개발하는 연구자 및 개발자들의 윤리 문제이다. 빅데이터 분석과 인공지능은 앞서 언급한 바와 같이 인간이 설계한 알고리즘을 기반으로 한다. 연구자나 개발자가 부정한 목적으로 알고리즘을 설계하고 개발할 경우 당연히 윤리 문제가 발생하며 이것은 논쟁의 여지가 별로 없다. 문제는 연구자나 개발자가 기술에 대한 맹신이나 알고리즘에 대한 과신으로 윤리 문제를 간과하는 경우, 기술에만 매몰되어 윤리 문제 자체를 인식하지 못하는 경우, 자신이 설계하고 개발한 기술의 다양한 오·남용 가능성, 오류 가능성 등을 충분히 고려하지 못하는 경우 등이다. 기술은 개발자의 의도대로만 사용되는 것은 아니며, 일단 개발된 기술은 개발자의 의도나 목적을 넘어서서 얼마든지 다양한 변형과 응용을 거칠 수 있다. 은행의 재정 건전성을 위해 고객들의 신용도 평가를 목적으로 만들어진 빅데이터 기반의 신용평가 기술이 고객들을 부당하게 차별하거나 배제하는 용도로 사용될 수도 있고, 질병 예방과 치료를 목적으로 개발한 유전자 분석 기술이 채용이나 맞선, 진학 등에 사용될 수도 있다. '진상고객'(black consumer)을 걸러내기 위해 만든 고객분석시스템이 고객들을 등급화하고 차등 대우하는 것을 넘어서 고객들의 사생활까지 모니터링하는 용도로 사용될 수 있다. 연구자나 개발자가 기술을 개발할 때 모든 오남용 가능성까지 책임져야 하는 것은 아니지만, 적어도 개발에 앞서서 다양한 가능성을 점검하고 다양한 의견을 수렴해 윤리 문제를 일으킬 수 있는 여지를 최소화하는 것이 필요하다.

두 번째는 빅데이터 기술을 활용하는 기업과 정부 그리고 개인 등 사용자의 윤리이다. 기업들은 이윤 추구를 목적으로 다양한 빅데이터 기술 및 인공지능 기술을 개발해 활용하고 있다. 문제는 이들이 빅데이터를 활용한 혁신과 가치 창출에 집중할 뿐 그것이 초래할 수 있는 부작용이나 역기능에 대해서는 관심이 없거나, 알고도 숨기는 경우가 많다는 것이다. 은행이 채택하고 있는 신용평가 및 대출심사 관련 인공지능은 신용등급이 낮거나 대출금 회수가 어려울 수 있는 고객을 걸러내는 데 목적이 있다. 성별이나 연령, 인종이나 국적 등을 직접적으로 차별하지는 않지만 거주 지역, 주택 형태, 친구관계, 소비 형태 등의 데이터 분석을 바탕으로 인권에 반하는 차별적인 판단을 내릴 수도 있다. 돈을 위해서 사람을 차별하는 기업들에 대해서 사람들의 비난과 성토는 거셀 것이다.

셋째, 빅데이터 기반 인공지능 자체의 윤리이다. 기존의 빅데이터 기반 인공지능은 특정한 목적의 작업을 수행하기 위해 인간이 설계한 알고리즘대로 움직이는 약인공지능(ANI: Artificial Narrow Intelligence)이 대부분이었다. 여기서는 개발자나 사용자의 윤리가 중요할 뿐 인공지능 자체의 윤리 문제는 나타나지 않는다. 그러나 인공지능이 인간 수준의 지능으로 스스로 알고리즘을 만들고 다양한 문제를 풀어낼 수 있는 강인공지능(AGI: Artificial General Intelligence)이 등장함에 따라서 인공지능 자체의 윤리 문제가 제기될 수밖에 없는 상황이 도래하고 있다. 구글 알파고와 이세돌의 대결은 인공지능이 인간을 이긴 충격뿐만 아니라 인간보다 더 똑똑할 수 있다는 충격도 함께 안겨주었다. 기술발전이 이러한 추세로 이어진다면 인간을 훨씬 뛰어넘는 초인공지능(ASI: Artificial Super Intelligence)의 등장도 더 이상 상상이나 영화 속의 일만이 아닐 수 있다. 기계가 스스로 판단하고 결정함에 따라서 나타날 수 있는 수많은 윤리적 문제들은 공포영화가 현실이 되는 것을 의미한다. 영화 터미네이터에 나오는 것처럼 기계가 인간을 공격하거나 지배하는 세상이 당장 오지는 않겠지만, 인공지능 기술을 개발할 때 이러한 윤리적 위험에 대해서 충분한 고려를 하지 않는다면 이러한 사회의 도래를 맞이할 수밖에 없을 것이다. 인공지능 의사가 진단과 처방을 하는 것을 넘어서서 스스로 살릴 환자와 포기할 환자를 결정한다든가, 위험에 처한 산모와 아기를 두고 둘 중 누구를 살릴지를 결정하는 상황이 도래한다면 어떻게 할 것인가? 무인폭격기 드론이 명령받은 대로 폭탄을 떨어뜨리기보다는 스스로 생각하고 판단해서 애초와는 다르게 민간인이나 어린 이들이 집중된 지역에 폭탄을 투하하는 상황도 충분히 발생할 수 있다. 판단하고 실행하지만 책임은 질 수 없는 인공지능을 만들 때는 '설계 단계에서 어떻게 책임감을 부여할지', '사회적 가치를 어떻게 반영할 수 있을지' 등 윤리적인 고민들을 하지 않을 수 없는 것이다. 이와 관련해 1942년 아시모프(Isaac Asimov)가 자신의 책『아이 로봇(I, Robot)』에서 제시한 '로봇공학 3원칙'은 우리에게 윤리적인 측면에서 던지는 시사점이 많다(한상기, 2016b). 첫 번째 원칙은 '로봇은 인간에게 해를 가하거나 해를 당하는 상황에서 무시하면 안 된다'는 것이다. 두 번째 원칙은 '로봇은 1원칙에 어긋나지 않는 한, 인간의 명령에 복종해야 한다'는 것이며, 세 번째 원칙은 '로봇은 1, 2원칙에 어긋나지 않는 한, 자신을 지켜야 한다'는 것이다. 로봇이 지켜야 할 윤리적 덕목을 명확하게 설정하고 있다.

4. 데이터 시대의 윤리 문제 대응 동향

빅데이터 및 인공지능이 초래하는 윤리적 문제의 심각성에 대해 학계뿐만 아니라 이를 가장 활발하게 개발하고 활용하는 기업들에서 이에 대한 논의들이 시작되고 있다. 대표적으로 미국 전기전자학회(IEEE, 2016년 개최)는 빅데이터 기반의 인공지능 기술을 개발하고 활용할 때 유념해야 할 네 가지 윤리적 쟁점을 제시했다. 첫째는 인권(human rights)이며 둘째는 책임성(responsibility)이고 셋째는 투명성(transparency)이며 넷째는 교육(education)이다. 인공지능을 개발하고 제작할 때는 사전에 인권 침해의 가능성이 있는지를 충분히 검토하고 확인해야 한다는 것이 첫 번째이다. 인공지능이 문제를 일으켰을 때는 책임을 물을 수 있어야 한다는 것이 두 번째이다. 기계에게 책임을 물을 수는 없기 때문에 개발자나 소유자 또는 사용자 등 누구에게 책임을 물을지에 관한 것이 주요 내용이다. 세 번째는 이를 위해서 인공지능이 무슨 일을 하는지에 대해 제작 과정부터 투명성이 보장되어야 한다는 것이다. 의도적으로 비윤리적인 목적의 인공지능을 개발하는 것을 막을 뿐만 아니라 비의도적으로 놓치거나 간과할 수 있는 윤리적 이슈들을 충실히 고려하기 위한 조치이다. 마지막으로 인공지능의 오용 방지를 위해 국가적·사회적으로 인식을 공유할 수 있는 장치를 마련해야 한다는 것이다.

미국 백악관에서도 빅데이터와 인공지능이 유발할 수 있는 윤리 문제에 대해 관심을 갖기 시작했다. 2016년 5월 미국 백악관이 발표한 「빅데이터: 알고리즘 시스템, 기회, 그리고 시민 권리에 대한 보고서(Big Data: A Report on Algorithmic Systems, Opportunity, and Civil Rights)」에서는 빅데이터 분석과 머신 러닝에 따른 신용 평가와 대출, 고용, 교육, 사회 정의 등의 영역에서 차별이 이루어질 수 있는 위험을 지적했다. 이 보고서는 향후 강력한 데이터 윤리 프레임워크의 개발을 요구하고 있다(Executive Office of the President, 2016.5). 백악관이 2016년 10월 발표한 또 다른 보고서인 「인공지능의 미래를 위한 준비(Preparing for the Future of Artificial Intelligence)」에서도 빅데이터 기반의 인공지능을 연구하고 개발해 활용할 때 공정성, 안전성, 정의, 책임 등을 반드시 고려해야 한다고 제시했다. 인공지능 기술이 광범위하게 확산되고 중요한 결정을 내리는 데 인공지능을 활용할 경우, 이것은 필연적으로 정의, 공정성, 책임성에 대한 우려를 야기할 수밖에 없다는 것이다. 또한 기술적인 부분에서도 안전성 문제를 야기하게 된다. 따라서 인공지능 연구자나 개발자 그리고 사용자는 인공지능이 야기하는 차별이나 실패 등 다양한 문제를 방지하고 의도하지 않은 결과를 피하며, 의도하지 않은 오류가 발생하지 않을 것이라는 증거를 만들어내는 데 노력해야 한다는 것이다(Executive Office of the President, 2016.10). 또 백악관은 "기계학습과 인공지능 소위원회(Machine Learning and Artificial Intelligence Subcommittee)"를 만들어 본격적으로 인공지능이 가져올 프라이버시, 보안, 규제, 법, 연구개발 등에 대한 논의를 시작했는데, 핵심적인 내용에 윤리 문제가 자리 잡고 있다. 백악관 과학기술국(White House Office of Science and Technology)과 국가경제위원회(National Economic Council)가 학계 및 비영리 조직들과 공동으로 주최한 세미나에서도 인공지능이 가져올 기회와 도전을 함께 논의해야 한다고 명시하고 있다. 특히 인공지능이 정의와 공정성을 보장하고 고객들의 이해를 보장해야 한다는 것이다. 영국 의회도 2016년 10월 보고서를 발표하고, 인공지능 관련 윤리적인 문제들이 잇따라 발생하고 있다며 인공지능을 위한 윤리

지침 마련의 시급성을 강조했다.

　인공지능의 윤리 문제에 대한 대응은 학계와 정부뿐만 아니라 실제로 인공지능을 개발해 상업적으로 판매하고 활용하려는 민간기업들에서도 이루어지고 있다. 인공지능 개발을 주도하고 있는 구글, 아마존, 페이스북, IBM, MS 등 5개 정보기술(IT) 대기업 연구진은 최근 AI 관련 단체를 설립하기 위한 모임을 갖고 윤리 문제에 대한 자체 가이드라인 제정을 준비하고 있다. 그러나 민간기업들의 활동은 정부가 인공지능에 대한 규제를 정하기에 앞서서 스스로 자기들에게 유리한 방향으로 규제 환경을 유도하려는 의도를 숨기고 있는 것으로도 읽혀진다. 본질적으로 이윤 극대화를 추구하는 기업들의 입장에서 새로운 블루오션으로 떠오르는 빅데이터와 인공지능 분야에 대한 정부의 촘촘한 규제는 기업활동에 제약을 가져올 수 있으므로, 선도적으로 정부 규제를 피하거나 유도하려는 것이다.

　어쨌든 학계, 정부, 민간기업 모두 빅데이터를 기반으로 하는 인공지능 등 새로운 기술이 가져올 다양한 문제들에 대해서 인식하기 시작했고, 이에 대한 기술적 대응과 더불어 법·제도적 그리고 윤리적 대응을 시작하고 있다. 그러나 인간 자체가 모든 요소가 결합된 오묘한 존재이듯이 인간을 닮아가는 데이터 기반의 인공지능도 매우 복잡하고 오묘한 존재가 될 것이다. 이것은 인공지능의 윤리 문제를 특정한 어느 한 분야 전문가들로는 다룰 수 없다는 것을 의미한다.

5. 데이터 시대의 윤리 문제 대응 방안

빅데이터 시대의 지능정보 기술이 유발하는 다양한 윤리 문제를 다루기 위해서는 몇 가지 접근법이 필요하다. 첫째, 복합적·융합적 접근법이다. 인공지능은 그 기반으로 철학, 수학, 경제학, 신경과학, 심리학, 컴퓨터공학, 통제이론 및 사이버네틱스, 언어학 등 수많은 학문을 두고 있다(Russell and Norvig, 2016). 여기에 더해서 사회학, 통계학, 데이터과학 등도 직접적으로 관련된다. 인간을 닮은 인공지능 기술을 개발하는 것은 그만큼 다양한 학문과 기술 분야가 복합적으로 협업을 해야 가능하다. 인공지능이 야기하는 윤리적 문제도 이와 같다. 알고리즘을 개발하고 시험을 거치며, 개발된 인공지능을 학습시키고 발전시키는 것은 수많은 분야의 전문가들이 복합적·융합적으로 노력하지 않으면 안 된다. 알고리즘 개발의 기술적 오류를 줄이기 위해 기술 전문가가 필요하고, 알고리즘 개발의 인종적·성적·지역적·종교적·계층적 편향성이나 차별 요소가 포함되지 않은 지를 검토하기 위해 다양한 사회과학 분야의 전문가가 필요하며, 개발된 기술이 프라이버시 침해 등에서 현재의 법이나 규제에 저촉되지 않는지를 검토하기 위해 법규 분야의 전문가가 필요하고, 개발된 인공지능을 시험하는 과정에서 윤리적 문제점을 발견하기 위해 다양한 일반 시민들의 관점도 필요하기 때문이다. 따라서 인공지능 개발을 기술 프로젝트로 인식해 특정한 기술 전문가들이 주도할 경우 반드시 치명적인 윤리적 문제를 유발할 수밖에 없다.

둘째, 거버넌스적 접근법이 필요하다. 데이터 기반 기술들의 개발 및 활용과 관련된 윤리 문제는 정부, 정치권, 기업, 학계, 시민단체 등 다양한 주체들 간의 협업을 통해서 다루는 것이 필수적이다. 어느 특정한 집단이나 세력이 독자적으로 다루거나 해결할 수 있는 주제가 아니기 때문이다. 기업들은 인공지능을 개발해 활용하는 과정에서 제기될 수 있는 윤리 문제를 자체적으로 해결하려 하지만, 기업의 근본적인 욕구인 이윤추구 관점에서 접근하기 때문에 한계가 분명하다. 정부는 윤리 문제에 대해 본질적으로 규제적 입장에서 접근하기 때문에 자칫하면 인공지능 기술 개발의 발목을 잡거나 관련 산업 활성화의 걸림돌 역할을 할 우려가 있다. 학계에서는, 각 학자들이 개별적으로 접근할 경우 인공지능 윤리 문제가 연구주제의 우선순위에서 밀릴 수도 있고, 개별적이고 산발적인 연구로 인해 거시적이고 종합적인 측면에서 다루는 데 한계가 있을 수 있다. 시민단체나 정치권은 시민의 권리나 인권 침해 측면에서 접근하기 때문에 지나치게 민감하게 반응하거나 지나치게 작은 문제에 크게 집착할 수도 있다. 따라서 데이터 기술이나 인공지능 기술이 초래할 수 있는 윤리 문제에 대해 균형 잡힌 시각에서 다양하게 접근하고, 대응책을 모색하기 위해서는 각 주체들이 공동으로 활동하거나 긴밀한 협업을 통해서 정보를 나누고 결과를 공유하는 거버넌스적 접근법이 필수적이다.

셋째, 개방적·공개적 접근법이 필수적이다. 데이터 기반 인공지능 기술의 개발에서 윤리 문제가 발생하는 양상과 원인은 앞서 살펴본 대로 다양하다. 알고리즘을 개발하는 개발자가 경제적 이윤추구나 본인의 이념이나 사상 등에 따라서 의도적으로 비윤리적인 알고리즘을 개발할 수도 있고, 개발자가 의도하지는 않았지만 편향된 가치관이나 이념 또는 잘못된 지식이나 전제 등으로 비윤리적인 알고리즘을 개발할 수도 있다. 개발된 인공지능을 학습시키기 위해서 제공되는 데이터의 품질 때문에 윤리 문제가 야기될 수도 있고, 기존의 다양한 사례 중에서 윤리 문제를 야기하는 사례들을 학습시킴으로써 윤리 문제가 야기될 수도 있다. 이러한 다양한 윤리 문제를 개발 단계에서 또는 학습과 시범운영 단계에서 소수의 개발자나 관계자가 다 잡아낸다는 것은 사실상 불가능에 가깝다. 가장 좋은 방법은 인공지능의 개발 전 과정을 투명하게 공개하고 공론화시켜서 다양한 의견과 시각을 반영하고 공개 검증을 거치는 것이다. 이것은 기업들이 이윤추구를 목적으로 차별이나 편향과 윤리 문제를 불러올 수 있는 인공지능을 개발해 활용하는 것을 막을 수 있는 최선의 방법이고, 정부가 국가안보나 국익을 명분으로 개인의 사생활을 감시하거나 통제하는 인공지능을 개발해 활용하는 것을 막을 수 있는 최선의 방법이다. 개방과 공개를 통한 집단지성을 활용하는 것이 누구도 쉽게 예측할 수 없는 인공지능의 다양한 윤리 문제를 다루는 가장 최선의 방법이다. 물론 알고리즘의 소스코드를 모두 공개하는 것은 기업의 특허나 영업 비밀상 어려울 수 있다. 그러나 알고리즘을 기본 논리를 개발하는 단계에서 이를 공론화하고 의견 수렴을 거치며, 개발된 알고리즘을 테스트하고 인공지능을 학습시키는 과정을 공개하고 의견을 수렴하는 것은 반드시 보장되어야 한다.

넷째, 단계적 접근 방법이 필요하다. 데이터 기반 인공지능의 개발은 기술적으로는 빠른 진전을 보일 수 있다. 그러나 이것이 유발하는 다양한 문제들에 대해서는 충분한 사회적 논의와 합의가 필요하다. 자율주행차의 개발이 기술적으로는 얼마든지 가능하지만 그것이 안고 있는 다양한 윤리적 문제들에 대해서 사회적 담론과 합의가 이루어지지 않으면 위험한 흉기가 거리를 달리는 것과 마찬가지이다. 자율주행차가 무단 횡단자를 발견한 응급상황 시 차량에 타고 있는 사람과 보행자 중 누구를 우선적으로 보호해야 하는가, 차량에 탄 사람이 갑자기 아파서 응급실로 달려갈 때 교통신호를 준수해야 하는가 등은 기술의 문제가 아니다. 인공지능 의사 결정자나 정책 결정자를 만들었을 때, 인공지능이 결정한 사항에 대해서 어느 정도나 채택하고 수용해야 하는가의 문제도 있다. 의사 결정자나 정책 결정자가 인공지능이 내린 결정을 참고하는 수준에서부터 결정 자체를 그대로 수용하기도 하고, 모든 결정을 인공지능에 맡길 수도 있는데, 이러한 수준을 누가 어떻게 결정해야 하는가? 인공지능 의사와 인간 의사의 권한과 책임은 어떻게 설정해야 하는가? 인공지능 의사의 진단 결과를 그대로 환자에 적용시키는가? 인간 의사가 검토하고 최종 진단을 내리는가? 모든 인공지능을 개발할 때 기술적인 문제도 중요하지만 이러한 다양한 윤리적인 문제가 훨씬 더 복잡하고 다양한 사회적 갈등과 이슈를 불러일으킬 수 있다. 따라서 이러한 문제들에 대해서 충분한 논의를 거치고 합의를 모색하기 위해서는 단계적이고 장기적인 접근법이 필요하다. 우리는 아직 이러한 인공지능의 윤리 문제를 공론화하고 다룰 수 있는 제도나 시스템을 갖고 있지 못하고 기반도 약하다. 이를 다룰 수 있는 정부 위원회도 필요하고, 학계나 기업체 그리고 시민단체가 참여하는 민간기구도 필요하고, 이를 전문적으로 연구하는 기관도 필요하다.

6. 맺음말

기술은 그 자체로 중립적이다. 본질적으로 선하지도 악하지도 않다. 기술은 또한 두 얼굴을 가지고 있다. 긍정적 효과와 부정적 효과를 동시에 가져온다. 산업혁명을 일으킨 기계기술은 엄청난 생산성 혁명을 불러왔지만, 농촌을 조직적으로 파괴하고 수많은 사람들을 도시 빈민으로 전락시켰으며, 강력한 기계파괴운동(러다이트 운동)을 야기했다. 정보기술은 인간생활의 모든 면에서 엄청난 편리성을 가져다주었지만 프라이버시 침해라는 치명적인 문제를 야기했다. 사라질 권리, 잊혀질 권리, 혼자 있을 권리는 더 이상 존재하기 어렵고, 익명성 자체가 사라지는 '발가벗겨진 사회'가 되어가고 있다.

빅데이터와 고성능 컴퓨터 및 알고리즘 기술의 발달로 나타나고 있는 인공지능 기술도 인간에게 엄청난 혜택을 가져올 것으로 보이지만, 과거에 경험하지 못했던 수많은 문제들을 야기할 것이다. 그러나 이것은 기술의 문제가 아니라 인간의 문제이다. 기술에게 책임을 물을 수 없고, 기술 자체가 문제를 해결할 수도 없다. 인간들이 인공지능이 야기할 수 있는 다양한 문제들을 미리 예측하고 대응하는 노력만이 이러한 문제를 줄여나갈 수 있다. 이를 위해서는 인공지능 기술을 개발할 때 반드시 준수해야 할 기본적인 원칙이나 가이드라인을 설정하는 것이 필요하다. 예를 들어, 인공지능은 인간을 위해 존재해야 하며, 인간을 공격하거나 해를 끼쳐서는 안 되며, 인간을 성·인종·민족·지역·장애 여부 등에 따라서 부당하게 차별해서도 안 되고, 프라이버시나 인권을 침해해서도 안 되고, 공공질서나 국가안보에 위협을 주어서도 안 되며, 법을 위반해서도 안 된다는 것이 대표적이다.

무엇보다도 중요한 것은 인공지능 기술 개발 과정의 투명성과 민주성이다. 다양한 이해관계자들을 참여시켜야 하고, 이해관계자들의 의견을 반영시켜야 한다. 누구나 개발 과정을 모니터링하고 이의를 제기할 수 있어야 하며, 주요 이슈들에 대해서 공론화할 수 있어야 한다. 이윤극대화를 추구하는 기업의 손에만 맡겨 두거나, 정권 연장이나 권력 독점을 추구하는 집권당이나 정치세력 또는 정부에만 맡겨 두어서는 안 된다. 사회적 공론화 과정과 합의를 이루어나가는 과정이 반드시 보장되어야 할 것이다.

참고문헌

아시모프, 아이작(Isaac Asimov). 2008. 『아이 로봇(I, Robot)』. 김옥수 옮김. 우리교육.

페로, 찰스(Charles Perrow). 2013. 『무엇이 재앙을 만드는가?: '대형 사고'와 공존하는 현대인들에게 던지는 새로운 물음』. 김태훈 옮김. 알에이치코리아.

한상기. 2016a. "왜 지금 인공지능 윤리를 논의해야 하는가?". *Slow News*, 2016. 5.11.

_____. 2016b. "인공지능 윤리는 왜 어려운가?". *Slow News*, 2016.5.3.

Abney, K. 2012. "Robotics, Ethical Theory, and Metaethics: A Guide for the Perplexed" in P. Lin, K. Abney and G. Bekey(eds.). *Robot Ethics: The Ethical and Social Implication of Robotic*. The MIT Press.

Executive Office of the President. 2016. "Big Data: A Report on Algorithmic Systems, Opportunity, and Civil Rights."

_____."Preparing for the Future of Artificial Intelligence."

IEEE. 2016. 10. 13. "Ethically Aligned Design"

Russell, Stuart and Peter Norvig. 2016. "Artificial Intelligence: A Modern Approach"

4장

디지털 자기기록 시대의
데이터 주체성*

김상민

　2016년 봄 구글 딥마인드의 '알파고'(AlphaGo)가 우리의 지적 능력에 도전해 승리하는 듯하더니 2016년 7월 초에 출시된 나이언틱 랩(Niantic Labs)의 '포켓몬고'(Pokémon GO)라는 스마트폰 기반 게임은 전 세계 사람들의 마음을 빼앗고 있다. 이 게임은 현실의 지형에 가상의 포켓몬 캐릭터가 겹쳐서 위치할 수 있도록 만드는 증강현실(augmented reality) 기술을 이용해 게이머들이 걷고 움직이면서 곳곳에 있는 포켓몬들을 사냥하도록 한다. 컴퓨터 게임이나 스마트폰 게임이 그렇듯이 굳이 걷거나 움직일 필요가 없었던 게이머들은 이제한 손에 스마트폰을 쥐고 화면의 지도를 노려보면서 동네 주변을 혹은 가보지 않았던 장소를 몸소 방문하고 있다. 게이머들은 포켓몬을 잡기 위해, 포켓스탑에서 포켓볼을 충전하기 위해, 그리고 포켓몬들

---

*　이 글은 「나 자신의 데이터가 되다: 디지털 자기-기록 활동과 데이터 주체」라는 제목으로 《문화과학》, 87호(2016년 가을)에 실린 논문을 수정·보완한 것이다.

을 부화시키거나 진화시키기 위해 현실에서 지속적으로 몸을 움직여야 한다. 이러다 보니 '포켓몬고'가 돌풍을 일으키고 있는 외국에서는 게임을 하다가 새로운 사람들도 만나고, 운동량이 증가하며, 체중이 줄어들었다는 부대 효과를 전하는 게이머들도 생겼다. 그러다보니 미국에서는 심지어 국가가 그동안 해결하지 못한 비만 문제를 '포켓몬고'가 순식간에 해결했다는 우스개도 심심찮게 들린다.

'포켓몬고'만큼 인기를 끌지는 못하고 있지만, 몸을 움직여 걷는 만큼 자신의 게임 속 우주가 확장되는 스마트폰 시뮬레이션 게임도 있다. 피트니스 게임 앱인 워커(Walkr)는 설정된 하루치 걸음 목표를 달성해야만 보상이 주어지고 레벨도 업그레이드된다. 그러나 게임이 아닌 현실에서도 마치 게임을 하듯이 자신의 몸을 지속적으로 움직여야 하는 상황을 만들어내는 경우가 있다. 아마도 많은 이들이 주변에서 스마트폰이나 스마트밴드와 같은 모바일 혹은 웨어러블 기기를 사용해 건강을 관리하거나 신체 상태를 점검하는 사람을 보았을 것이다. 아니면 직접 웨어러블 기기를 손목에 차고 다니며 하루 동안 자신이 어느 정도의 거리를 걷거나 뛰었는지 혹은 자전거로 달렸는지 직접 기록하면서 몇 달 혹은 몇 년간 누적된 거리를 확인하며 스스로를 대견해하고 있는 사람들도 있을 것이다. 소셜네트워크상의 어떤 친구들은 자신이 그날그날 달린 거리를 소셜네트워크에 (아마도 자동화된 기능을 이용해) 소식으로 올려서 다른 친구들에게 자랑하기도 하고 공개된 공간에 공표함으로써 스스로를 더 채찍질하는 효과를 얻기도 한다. 달린 거리를 비교해 다른 친구들과 의도적으로 가벼운 경쟁을 시작하기도 하고 이렇게라도 해서 건강관리를 지속적으로 하겠다는 의지를 보여주기도 한다. 마치 금연을 주변에 공표함으로써 스스로 거부하지 못하는 상황에 처하도록 만들어 지속적인 금연을 강제하는 상황과 비슷하게 말이다. 이는 미디어학자들이 게이미피케이션(gamification)이라고 부르는 현상의 일종으로, 게이머들은 현실에서 마치 가상의 게임을 지속하는 것처럼 행동함으로써 건강관리 활동의 효과를 극대화하고자 한다.

스마트폰을 들고 자신의 몸을 이리저리 움직이며 게임을 하는 것이 사실상 운동이 되는 것은 상당히 매력적인 일이다. 그러나 우리가 즐겁게 몸을 움직이며 게임을 즐기는 동안 만들어내는 데이터는 과연 어떻게 사용되고 있는지는 우리에게 잘 알려져 있지 않다. 나이언틱 랩과 같은 게임 제작사는 지도 데이터와 게임 중 우리의 활동을 기록한 데이터를 조합해 무언가 더 큰 가치를 생산할 기획을 하고 있음이 분명하다. 우리를 놀라게 했던 알파고와 포켓몬고는 우리 사회에 새로운 과제를 던져주고 있다. 아니나 다를까 2016년부터 줄곧 한국형 알파고와 포켓몬고에 대한 타령이 곳곳에서 들려오더니, 언젠가부터 데이터 기반 인공지능 기술을 중심으로 한 새로운 디지털 혁신인 '제4차 산업혁명'이라는 개념도 국가주도 산업 정책의 핵심 키워드로 등장하기에 이르렀다.

1. 자기기록, 자신을 추적하기

포켓몬고처럼 마치 게임을 하듯이 즐겁게 피트니스를 할 수 있다면 얼마나 좋을까. 재미있는 놀이를 하는 동안 현실적인 문제가 해결되는 것이라면 참으로 매력적인 것이 아닐 수 없을 것이다. 사실이와 유사한 방식으로 우리의 신체를 지속적으로 움직이게 해주는 것이 있기는 하다. 셀프 트래킹(self-tracking), 우리말로 자기기록이라고 부르는 기술과 활동이다. 이는 흔히 디지털 웨어러블 기기를 사용해 자기 신체에 대한 데이터의 기록을 행하는 것을 말한다. 이용어의 본래 의미를 더 고려한다면 자기 결정에 의한, 자신에 대한 디지털 추적 및 기록이라고 볼 수 있다. 자기기록은 주로 스마트폰을 사용해 자신의 식습관, 건강 혹은 활동에 대한 정보를 체계적으로 기록함으로써 행동의 패턴을 발견하고 자신의 신체적 혹은 정신적 웰빙을 유지하거나 개선하는 데 도움을 얻기 위한 것이다. 앞에 예시한 것처럼 걷거나 달린 거리는 물론이고, 체중, 심장박동, 혈압, 혈당량, 운동량과 같은 신체 정보뿐만 아니라 수면 패턴, 섭취한 음식의 열량, 기분과 같은 정보까지도 기록의 대상이 된다. 이러한 자기기록의 범위를 더 넓힌다면 오래전부터 사람들이 기록해온 자동차 주유량, 읽은 책의 수나 내용, 가계부, 시간 관리까지도 포함할 수 있다. 자기기록은 그것을 사용하는 맥락에 따라서 개인 정보분석(personal informatics)나 생활데이터기록(life-logging)이라고 불리기도 하는데, 자기기록의 수행자들이 그러한 데이터 측정과 기록을 행하는 목적은 우선 자신에 대해서 더 많이 알기 위해서다. 웨어러블 기기로 측정하고 수집한 데이터를 통해서 언제 어디서 무엇을 했는지, 자신의 신체가 얼마나 활동을 하는지, 어떻게 혹은 어떤 패턴으로 움직이는지 등을 더 잘 혹은 자세히 알기 위해서다. 자신의 신체와 건강 상태에 대해서 더 잘 알고 패턴을 발견하려는 것은 또한 자신의 신체나 건강을 자신이 원하는 상태로 변화시키기 위해서, 때로는 지금의 건강한 상태를 지속하기 위해서다. 따라서 가장 인기 있는 자기기록 활동은 건강을 유지하거나 개선하기 위한 피트니스의 목적이 주를 이룬다. 요컨대 자기기록의 기본 목적은 건강 혹은 신체의 최적화(optimization)라고 할 수 있다.

디지털 웨어러블 기기를 사용해 자신의 신체와 건강 데이터를 측정하고 기록하는 지금의 자기기록 행위 이전에도 물론 자기 자신에 대한 관찰과 기록의 습관은 있었다. 손으로 적는 일기나 가계부뿐만 아니라 다이어트를 위해 체중과 음식 칼로리를 적어서 일기처럼 기록하기도 하고 돌보아야 할 환자들이나 유아의 경우 특히 혈압이나 심장박동, 음식 섭취량과 배변량 등 다양한 정보들을 일일이 손으로 적어서 기록을 남기기도 했다. 물론 지금도 그러한 자기기록 활동은 계속 이루어지고 있다. 하지만 우리가 지금 주목하고 있는 자기기록의 활동은 주로 자기 스스로의 의지에 따라 디지털 기기를 통해 자동적으로 데이터를 측정하고 기록하며 축적하고 나아가 축적된 데이터로부터 분석된 내용을 다시 자신에게 적용해 신체에 피드백을 보내는 활동을 말한다.

자기기록 혹은 자기 추적은 아직 한국에서 그다지 커다란 반향을 일으키거나 영향을 미치고 있지는 않는 것 같다. 달리 말하면 얼리 어답터들을 제외하고는 아직 일상화될 정도로 유행하지는 않고 있다. 하지만 어느새 그것이 자기기록인지 알지 못한 채, 혹은 자기기록을 위한 목적을 그다지 인지하지 못한 채, 자기기록의 기술을 사용하는 사람들이 조금씩 늘고 있는 것은 사실이다. 즉, 그것이 뭐라고 불리든 점점 많은 사람들이 몇몇 특정한 목적을 위해 일상에서 자기기록의 기술들을 이용하기 시작한 것이다. 그저 운동을 좀 더 열심히 해야겠다는 생각에 혹은 수면시간을 체크하고 아침에 알람 기능을 사용해서 일어나야겠다는 결심으로 스마트 와치나 밴드 혹은 어플리케이션을 사용한다. 사람들은 자의적이고 순수한 개인적 목적으로, 혹은 순전히 기술에 대한 호기심으로 자기기록 활동을 수행할 것이다. 하지만 웨어러블 기기나 자기기록은 개인들의 관심사에만 한정되지는 않는다. 아직 열풍이 불지는 않고 있지만, 새로운 성장동력을 찾는 산업에서는 은근한 관심과 기대를 지닌 것으로 보인다. 몇몇 스타트업에서는 아직 기존 시장에 나오지 않은 헬스케어를 겸한 웨어러블 기기를 발명하기도 하고, 피트니스나 게임을 통해 자기기록의 활동을 수행할 수 있는 여러 장치도 시중에 등장하고 있다.

2014년 기준 미국인 21%가 일종의 디지털 웨어러블 기기를 이용해 자기기록을 수행하고 있으며 10%의 사람들이 매일 웨어러블 기기를 실제 사용하고 있다(PricewaterhouseCoopers, 2014). 자기기록을 수행하는 가장 주요한 목적은 운동이나 피트니스 그리고 의료나 건강관리에 있다. 많은 사람들이 다양한 목적을 가지고 이용하다 보니 흥미로운 케이스가 종종 발생한다. 2016년 초에는 가장 많이 판매된 웨어러블 기기 중 하나인 핏빗(Fitbit) 사용자의 경험담이 매셔블(Mashable) 웹사이트에 올라왔다. 한 남성이 아내의 핏빗 데이터를 보다가 심장박동이 평소보다 빠른 것을 발견하고 레딧(Reddit)이나 버즈피드(Buzzfeed)와 같은 유명 메시지보드 사이트에 센서의 고장을 의심하는 포스팅을 했는데, 다른 사용자들이 기기의 이상보다는 아내의 임신일 가능성을 제시하자 병원에 다녀와 임신임을 확인하게 되었다는 이야기다(Murphy, 2016). 핏빗이 포착하는 데이터는 사용자 자신보다 더 자신에 대해 빠르고 정확하게 알려주는 셈이다. 이스라엘의 한 남성은 애인에게 절교 선언을 듣고 난 후 한참 지나 피트니스 측정 기록을 확인하다가 절교의 말을 듣는 순간 심장박동이 급격하게 증가했음을 알게 되었다. 사람들은 그러한 감정적 변화의 순간이 데이터로 고스란히 기록되어 있다는 것에 감격한다(Bogle, 2016). 이런 흥미로운 자기기록의 예들을 인터넷상에서 어렵지 않게 찾을 수 있을 만큼 서구 사회에서는 웨어러블 기기를 사용한 디지털 자기기록이 상당히 일상화되어 있다.

2. 자기기록의 기술과 방식들

디지털 자기기록이 사람들을 매혹하는 가장 커다란 특징은 무엇보다 기록의 과정이 자동화되어 있다는 점일 것이다. 사용자가 따로 노력을 들여 손수 기기를 조작하거나 매번 특정한 시간이나 활동 공간에서 의식적으로 수치를 기입할 필요가 없기 때문에 그 편의성이 사용자들에게는 매력적이다. 게다가 웨어러블 기기와 같은 자기기록을 위한 장치들은 정밀 정보통신기술(ICT)의 발전으로 인해 소형화되고 정확도가 뛰어나게 향상되었다. 사용자들이 신체에 부착하고 일상생활을 하거나 운동하더라도 별다른 불편함을 느끼지 못할 정도로 웨어러블 기기에 집약된 ICT는 뛰어나다. 그야말로 옷처럼 입을 수 있는(wearable) 자연스러운 장치들이 만들어지고 있다. 그래서 웨어러블의 형태도 가장 흔하게는 손목에 착용하는 밴드나 시계의 형태에서부터 목걸이나 반지의 액세서리 형태까지 시중에 나와 있다. 지금은 개발이 중단되었지만 구글 글래스와 같은 안경 모양의 웨어러블 기기도 있다. 더 극단적으로는 피부에 바로 부착하는 패치의 형태나 피부 아래에 이식하는 형태까지 개발되고 있는 중이다. 게다가 상대적으로 저렴한 기기의 비용은 일반 사용자들의 기기에 대한 진입장벽을 낮추는 데 기여하고 있다.

웨어러블 기기의 기술적 핵심은 내장된 센서(sensor)에 있는데, 위치를 파악하는 GPS, 압력 센서, 가속도계, 자이로 센서, 모션트래킹 센서, 심박 센서, 온습도 센서, 산소측정 센서 등이 사용된다. 이러한 센서들은 웨어러블 기기뿐만 아니라 이미 우리가 일상적으로 소지하고 사용하는 스마트폰과 같은 장치들에도 광범위하게 사용되고 있다. 센서의 크기가 소형화되고 가격이 저렴해지면서 사용자들의

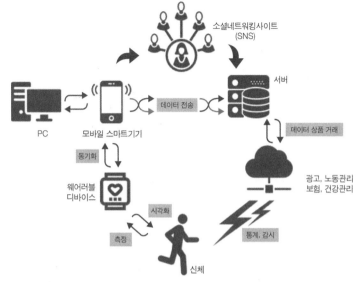

자료: 김상민(2016).

편의성이 증가하고 더 많은 활동이나 환경에서 신체 데이터를 측정
하는 것이 가능해지는 것이다. 또한 웨어러블 기기에서 측정, 수집
된 데이터는 내장된 극소 통신장치를 통해 스마트폰이나 개인용 컴
퓨터에 전달된다. 스마트폰과 컴퓨터의 해당 어플리케이션은 전달
된 데이터를 축적하고 분류하고 저장하는 동시에 웨어러블 제작사
의 서버 혹은 어딘가에 존재하는 클라우드로 데이터를 전송할 것이
다. 사실 이 과정 이후 데이터의 행방에 대해서는 사용자들에게 그
리 알려진 바가 없다. 다만 사용자는 스마트폰이나 컴퓨터를 통해
저장되고 분석된 데이터를 시각화된 형태로 다시 볼 수 있을 뿐이다

(〈그림 4-1〉 참조). 어플리케이션은 그동안 피트니스 트래킹 수행자들이 어떤 활동을 하며 얼마나 움직였는지 등의 데이터를 주로 그래프 형태로 시각화해 보여준다. 거기에 더해 어플리케이션의 알고리즘은 사용자의 활동 정보를 분석해 앞으로 어떤 활동이 어느 정도로 더 필요한지 추천하거나 보상 메커니즘에 따라 사용자의 지속적인 활동을 독려하기도 한다.

다양한 센서와 데이터 전송 기술을 이용한 자동화된 자기기록의 기술은 사용자가 자기 신체 상태를 개선하거나 건강을 향상시키기 위해 자신의 의지에 따라 디지털 기기들을 이용할 수 있는 손쉽고 저렴하며 재미있는 방법을 제공한다. 자기기록의 기술은 사용자 자신의 의지만 충만하다면 열심히 달리고 체중을 조절하거나 질병의 위험 요소들을 점검하고 통제하면서 개인의 건강을 최적화하는 데 매우 유용하고 효율적인 기술임이 틀림없어 보인다. 그러나 이렇게 개인에게 효율적으로 보이는 이 기술이 실제 사용되는 방식은 생각보다 단순하지 않다. 우리가 생각하거나 알고 있는 것 이상으로 자기기록의 기술은 다양한 방식으로 우리 삶과 문화에 개입하고 있거나 곧 개입할 것이다. 이렇게 작고 저렴한 기술적 도구가 우리의 일상에서 신체에 직접 작용하며 건강과 의료라는 삶의 중요한 요소들을 관리할 수 있게 된다는 것은 대단한 일이 아닐 수 없다.

미디어 사회학자인 데버러 럽턴(Deborah Lupton)은 자기기록의 방식을 다섯 가지의 유형으로 분류한다(Lupton, 2014). 그녀는 개인적(personal), 떠밀린(pushed), 공동의(communal), 강제된(imposed), 착

〈표 4-1〉 자기기록의 유형

자기기록 방식(modes)	목적	동기
개인적	개인의 건강관리 및 피트니스	순수하게 자발적
떠밀린	단체의 건강관리 혹은 팀워크	다소 타의가 개입
공동의	공동체 내에서 데이터 공유	자발적이지만 전체를 위하여
강제된	생산성 증진 및 비용 축소	타의에 의하여
착취된	빅데이터 축적 및 상업화	이익의 창출

자료: Lupton(2014).

취된(exploited) 자기기록을 구분하는데, 앞에서 뒤로 갈수록 자기 의사와 관계없이 타자에 의해 강요된 방식의 자기기록의 수행이 된다(〈표 4-1〉 참조). 이렇게 구분해서 보면, 자기기록은 반드시 자발적으로 혹은 자의에 의해서 수행되는 것은 아니라는 점을 알 수 있다. 또한 단일한 목적을 위해서 이루어지는 것도 아니다. 개인적인 자기기록은 공동의 자기기록과 동시에 수행될 수도 있고, 강요되었지만 어느새 개인적인 자기기록으로 전유해 사용할 수도 있다.

우리가 앞서 보았던 피트니스와 건강관리의 목적으로 이루어지는 대부분의 자기기록은 개인적 자기기록의 방식에 해당한다. 자신의 질병을 관리하기 위해 체중을 측정하거나 건강을 위해 달린 거리를 측정하는 활동은 오로지 자신의 자발적인 의지에 따라 시작되고 유지되는 것이다. 그러나 그것이 자기기록의 모든 것은 아니다. 떠밀린 방식의 자기기록도 있는데, 이는 주변 사람의 권유에 의해 수행하는 것이다. 비록 강요에 의해 어쩔 수 없이 수행하는 것은 아니지만 같은 팀 구성원들이 다함께 자기기록 활동을 하기로 결정했다면 떠밀려서 하게 되는 그런 식이다. 자의가 아예 없지는 않지만 그렇다고 완전히 타의에 의해 시작하는 것도 아니다. 공동의 자기기록은 사실 자기기록이 자기 자신만을 위해서 혹은 자신의 건강을 위해서만 수행하는 것이라기보다는 자신이 속한 공동체 전체를 위한 것일 수도 있다는 점을 보여준다. 많은 자기기록 수행자들은 온/오프라인 커뮤니티를 통해서 자신이 측정하고 기록한 데이터, 새로운 데이터 수집 방법이나 기술을 공유함으로써 개인적인 목적을 넘어서 자신이 속한 공동체 전체의 목적을 달성하고자 한다. 이것의 가장 중요하고 대표적인 예는 "수량화된 자아"(Quantified Self)라고 불리는 자기기록 운동 공동체를 들 수 있다.[1] 강제된 방식의 자기기록은 자신의 의지보다는 타인의 의지에 의해 자기기록이 이루어지는 것을 말한다. 직장에서 직원들의 업무 효율을 위해서 혹은 구성원들의 건강과 운동량을 지속적으로 체크하기 위해서 의무적으로 자기기록 활동을 강제하는 경우가 이에 해당한다. 물론 이 경우에도 자기기록은 당사자의 건강이나 일의 효율을 위해서라는 명분이 붙어 있다. 마지막의 자기기록 유형은 가장 자발적이지 않은 방식으로서 개인이 어

---

1 2008년 미국의 대중적 과학기술 잡지인 ≪와이어드(Wired)≫의 편집자 출신인 케빈 켈리(Kevin Kelly)와 게리 울프(Gary Wolf)가 공동으로 창립한 대표적인 자기기록 운동의 온·오프라인 커뮤니티로서, 전 세계 130여 개 도시에서 하위 커뮤니티가 자발적으로 조직되어 운영되고 있다. 각 단위별로 정기적인 컨퍼런스나 모임이 개최되고 이를 통해 각 개인들의 데이터 수집 경험담이나 직접 개발한 자기기록 기술 등을 공유한다.

떠한 목적이나 동기를 통해 데이터를 수집하고 추적하고 기록하더라도 그 모든 자기기록의 데이터가 상업적 용도로 사용되는 것을 의미한다. 수많은 개인들의 데이터가 축적되고 분석되어 상품으로 가공되고 가치를 생산하지만 특별한 보상이 주어지지 않는다는 점에서 사실상 착취된다고 보고 있다.[2] 궁극적으로는 모든 자기기록 활동은 착취될 가능성을 지닌다.

3. 주체 관리 혹은 노동으로서의 자기기록

강제된 자기기록과 착취된 자기기록의 방식은 기본적으로 자신의 의사에 관계없이 이루어지는 것으로, 애초에 자기기록이 자신의 신체 활동이나 상태 데이터에 대한 자발적인 추적 활동이라는 상식적인 선입견을 깨뜨린다. 일반적으로 오로지 자발적인 자기계발의 도구로 생각될 수 있는 디지털 자기기록의 활동은 실제로 매우 다양한 동기나 목적을 지니고 있다. 자기기록 활동은 순수하게 자발적일 수 있는 동시에 완전하게 타인의 이익을 위해서 사용될 수도 있는 것이

---

2 제이런 러니어(Jaron Lanier)는 요컨대 빅데이터 기술의 발전은 새로운 경제 환경을 만들어내고 있는 반면 기존의 전통적 경제의 파괴와 더불어 중산층의 몰락을 초래하는 효과도 만들어낸다고 본다. 따라서 데이터를 제공해 새로운 경제 발전의 원동력으로 작용하는 수많은 개인들은 보편적 기본소득과 같은 방식으로 보상을 받아야한다고 주장한다(Lanier, 2014).

기도 하다.

　미국 오클라호마주의 작은 기독교 대학인 오랄로버츠대학교(Oral Roberts University)에서는 2015년 신입생부터 핏빗(Fitbit) 피트니스 트래킹 밴드를 착용하는 것을 의무화했다. 900명에 이르는 모든 신입생들은 학교의 전인교육방침에 따라 매일 자신들의 신체 활동 데이터를 측정하며 체육 과목의 성적도 웨어러블 디바이스에 기록된 데이터에 기반을 둔다. 이에 관해 보고하는 한 지역 신문의 기사에 따르면, 학생들은 대부분 이를 잘 받아들이며 멋진 것으로 여긴다고 한다(Sherman, 2016). 학교로서는 학생들이 건강을 유지하고 학업을 진행함으로써 지속적인 교육을 보장받고, 학생으로서는 마찬가지로 자신의 건강을 유지하는 활동을 대학 교육의 과정 속에서 실현하게 된다. 이는 마치 누구에게도 피해가 가지 않고 모두에게 이로운 것처럼 보인다. 학생들의 활동 데이터를 모두 축적하고 분석한 결과를 학교는 다시 학교 구성원 전체를 위해 사용한다. 매우 이상적인 공동체의 호혜적인 프로젝트가 아닐 수 없다.

　그러나 이처럼 이상적으로 보이는 학교 내에서의 떠밀린 자기기록의 활동은 어쩌면 미래의 노동자가 미리 체험해보는 직장에서의 강제된 자기기록의 활동인 것은 아닐까?. 세계적인 IT 관련 시장분석 회사인 가트너(Gartner)의 보도자료는 "2018년까지 200만 명의 고용자들이 건강 및 피트니스 트래킹 기기들을 고용의 조건으로 착용하도록 요구될 것"이라고 예측하고 있다(Gartner, 2015.10.6). 만일 노동 환경이 위험에 노출되어 있고 주로 신체적인 노동이 요구되는 직장이라면 노동자들에게 웨어러블 기기를 착용하고 지속적으로 자기기록을 수행할 것을 강요할 가능성이 높다. 경찰이나 소방대원과 같은 위급 상황에 응대해야 하는 직업이라면 더욱 그렇다. 실시간으로 직원의 건강 상태 데이터를 점검, 추적함으로써 신체에 이상이 있을 시 직원을 바로 보호할 수 있기 때문이다. 그러나 대다수의 일반적인 직장에서 직원들에게 권유되거나 강요되는 자기기록의 목적은 따로 있다. 첫째는 건강을 잃은 직원들에게 지급되는 건강(의료) 보험료의 절감을 위해서다. 미국을 비롯한 유럽의 많은 대기업들은 직원들에게 피트니스 트래커를 제공해 직원들 스스로 자신의 건강을 증진시키도록 유도하는 사내 건강 프로그램을 운영하고 있다. 그러한 보조 프로그램을 통한 자기기록 활동은 노동자 개인을 자신의 건강을 관리하는 책임을 지는 주체로, 자기계발의 주체로 만든다. 직장에서 자기기록이 권장되는 두 번째 목적은 직원의 노동 생산성을 높이려는 것이다. 직장 혹은 공장 내에서 노동자의 위치를 추적하고 동선을 파악함으로써 직원을 감시하거나 생산성이 높아지는 공간이나 경로 정보 등을 수집함으로써 효율적인 노동 공정을 알아내는 것이 가능해진다.

비록 개인적인 차원에서 건강 추구의 일환으로 자기기록을 수행하는 것이기는 하지만 그 활동이 노동의 현장에서는 직원 건강관리 프로그램으로 포섭된다. 노동자의 웨어러블 기기를 통해 산출된 활동 데이터는 기존의 회사 경영 기법 혹은 노동 관리의 차원으로 흡수되고, 그 과정을 통해 노동자는 수량화된 생산성 측정의 관점에서 관리되고 통제된다. 심지어 노동 시간이 종료된 이후에도 노동자 개인의 자기기록 활동은 노동의 연장선상에서 취급되기도 한다. 퇴근 이후의 자발적 피트니스 트래킹도 결과적으로 노동력 재생산 혹은 인적·자원의 지속적인 계발과 현 상태 유지를 위한 활동으로 환원되어버린다. 이는 디지털 시대의 노동자들의 존재 전체가 자본에 실질적으로 포섭되어 버린 현실을 떠올린다. 이 자율적이고 개인적인 것만 같은 자기기록의 기술과 활동은 신자유주의적 노동 환경 속에서 인적 자본의 관리 및 감시, 생산성과 효율성을 극대화하는 미시적 도구로 변환된다.

이러한 이해를 더 밀어붙이면 자기기록 활동은 사실상 노동이라는 주장이 가능하다(Till, 2014). 자발적이든 강제된 것이든 디지털 자기기록 활동의 수행 과정에서 자동적으로 수치화되어 산출되는 사용자의 다양한 신체 활동과 상태 데이터는 분명히 어떤 가치를 생산하기 때문이다. 다양한 웨어러블 기기의 제조사나 피트니스 어플리케이션 개발사에 의해 수집·축적·분석되는 개인 생체 데이터는 한 개인에 대한 전반적인 정보뿐만 아니라 다수의 사용자들로부터 끌어내어진 인구학적 차원에서의 미래 예측 정보를 제공할 수 있다. 특히 광고를 그 자신의 근본적인 수익의 원천으로 삼는 주요 미디어 기업들의 경우, 신체 및 공간 데이터는 소셜네트워크나 검색 서비스를 통해 수집된 개인 데이터와 결합해 개인별 맞춤형 광고를 제공하거나 아예 외부 광고 회사에 사용자의 전체적인 데이터를 판매함으로써 막대한 수익을 올릴 수 있다. 그런 점에서 자기기록 활동은 테

라노바(Tiziana Terranova)가 무불/자유노동(free labor)이라고 불렀던 디지털 노동의 한 전형을 보여준다고 할 수 있다(Terranova, 2004).

4. 데이터-주체

2016년 5월 박근혜 전 대통령이 참석한 규제개혁점검회의에 관한 한 신문기사는 다소 충격적인 내용을 건조하게 전했다(김형섭, 2016). 그 기사에 따르면 박 전 대통령은 기업이 개인정보를 활용하는 것을 가로막고 있는 규제가 과도해서 그 기준을 완화할 필요가 있다고 언급했다는 것이다. "빅데이터는 이 시대의 원유라고까지 표현될 정도로 기본(자원)"인데 "지금은 기본이 데이터인데 우리가 쓸 수 있는 기술은 발전되어 있는데도 (개인정보에 대한) 인식 때문에 활용을 못한다는 것은 문제"라는 지적을 했다고 한다. 사실 우리의 현실에서 기업에 대한 개인정보 사용 규제라는 것이 무슨 의미를 가진 적이 있었던가. 모든 국민의 주민등록번호를 포함한 온라인상의 개인정보는 여러 번에 걸친 기업들의 무책임한 유출 사고 덕분에 이미 공공재로 전락한 지 오래라는 한탄이 있다. 기업이나 국가가 개인정보의 유출에 대한 별다른 책임이나 후속 조치도 없이 그 피해를 온전히 개인들에게 전가해온 역사를 아는 사람이라면 쉽게 할 수 있는 주장이 아닌 것이다. 적합한 규제를 통해 보호해야 할 국민의 개인정보를 단지 기업의 가치를 생산할 자원으로 간주하는 것은 한 국가의 대통령으로서 너무나 수준 낮은 기술적·정치적·사회적 인식이다. 온 국민의 데이터를 산업 자원으로 만들어왔던 것은 다름 아닌 정부의 안일한 대책과 미흡한 규제 정책이 아니었던가.

대통령의 그러한 친기업적 사명감이 문제이긴 하지만, 사실 그 언급에서 더 중요한 것은 실제로 그 표현이 너무나 적나라하게 정확한 현실 인식이라는 점이다. 다시 말해 현시대에 국민들의 개인정보와 데이터는 이미 기업에서 새로운 가치 생산에 활용하고 있는 자원이다. 빅데이터가 미래 산업의 신성장동력으로 열렬한 환영을 받으며 등장한 지도, 창조경제라는 공허하고 맹목적인 개념을 경제통치의 이념으로 규정한 지도 몇 년이 흘렀다. 구글의 알파고와 이세돌의 바둑 대결을 계기로 한국 사회에 인공지능과 기계 학습에 대한 열광이 한차례 몰아친 이후 제4차 산업혁명과 같은 허구적인 구호도 등장했는데, 이 모든 기술적 혁신들은 대규모의 사람(과 사물)들로부터 장기간에 걸쳐 포획하고 수집한 데이터의 축적을 통해서만 가능하다. 대기업의 이익을 대변하는 정치의 화신으로서 대통령은 이러한 사실에 기반을 둔 주장을 한 셈이다.

(빅)데이터라는 것은 결국 상당 부분 사람들이 생산해내는 자원이며, 이렇게 자원으로 축적되고 가치를 재생산해내는 거대 산업의 사이클 내에서 사람들은 데이터로 환원된다. 수많은 사람들이 웨어러블 기기를 손목에 착용하고 생활하면서 매순간 쏟아낼 엄청난 크기의 데이터는 누구의 손에서 어떤 알고리즘을 통해 무슨 목적으로 가공되고 분석될 것인가? 물론 이 데이터는 생산자의 정체성이 구분되

지 않는 비정형의 메타 데이터 덩어리로 취급될 수도, 생산자의 미세한 개인정보까지 포함한 정형 데이터로 사용될 수도 있다. 하지만 어떤 경우가 되었건 자기기록의 수행자들은 데이터 생산 노동으로부터 자유로울 수 없다. 자기기록의 의도와 목적이 무엇이건 결과적으로 자기기록을 실천하는 사람은 데이터 생산 주체가 된다. 달리 말하면, 센서가 내장된 웨어러블 기기로 자기기록을 수행하는 주체는 그 주체가 생산한 데이터의 총합으로 구축된다. 그러한 데이터 총합으로서의 주체의 신체는 그 데이터를 추출하고 추상화해내며 재조합하는 과정을 통해 "데이터 더블"(data double), 즉 데이터 쌍생아로 만들어진다(Ruckenstein, 2014).

이렇게 나는 나 자신의 데이터가 된다. 나의 데이터는 나에 대해서 내가 아는 것보다 더 많은 정보를 제공할 수 있다. 페이스북은 내가 알지 못하는 나의 취향과 욕구에 대해 이미 알고 그것을 예측해 광고함으로써 내가 그것을 원하도록 만든다. 정보과잉(infoglut)의 시대에 특히 감정, 정서, 정동의 데이터를 포착하고 분석해 활용하려는 경제 트렌드가 지배적인데, 안드레예비치(Mark Andrejevic)는 이를 결국 시장의 예측을 통해 미래를 지배하고자 하는 흐름으로 이해한다(Andrejevic, 2013). 더 많은 정서가 표현되고 더 많은 행동이 추적되고 수집될수록, 즉 더 많은 데이터가 축적될수록, 그것을 소유하는 자는 시장에서 더 큰 권력을 갖는다. 자기기록으로 수집되는 데이터는 감정이나 정동보다 더 날것의 생체적인 데이터를 제공할 수 있는데, 이러한 데이터의 축적이 가지게 될 "미래정치"(futarchy)

혹은 "예측통치"(predictocracy)의 권력은 얼마나 위협적일 것인가.

군이 아직 오지 않은 미래를 걱정하기 이전에, 우리는 자기기록 활동을 통해 생산한 신체 데이터가 우리도 모르게 어딘가에 저장되어 있다가 우리의 의사에 반해 사용될 수 있다는 것을 우선 염려해야 한다. 시사지 ≪애틀랜틱(The Atlantic)≫의 한 기사는 자기기록 데이터가 법정에서 사용될 수 있다는 것을 경고한다(Crawford, 2016). 한 개인 트레이너는 자신이 직장에서 4년 전 다친 이후로 현재까지 자기 나이의 동일 직업 종사자들보다 활동 수준이 낮다는 것을 증명하고 보상받기 위해 핏빗 기기의 데이터를 법정에 제출했다. 그러나 그녀가 법정에서 사용할 데이터는 자신의 핏빗에 저장된 원 데이터가 아니라 한 데이터 분석회사에서 제공하는 개인 데이터와 일반인 전체의 데이터의 비교 자료다. 물론 이 경우는 자기기록 수행자를 지원하기 위해 데이터가 사용되지만, 그 반대의 경우도 얼마든지 가능하다. 예를 들면, 보험회사에서는 보험자의 자기기록 데이터를 들춰봄으로써 그의 장애 판정이나 보상금 지급을 거부할 수 있다. 마찬가지로 직장에서 권장한 자기기록 활동이 보여주는 데이터가 낮은 생산성을 증명할 경우 노동자의(특히 비정규직 노동자의) 실직으로 이어지리라는 것은 불을 보듯 뻔하다. 이렇듯 우리가 생산한 데이터는 완전히 우리의 소유라고 혹은 우리를 위해서 존재한다고 말하기 어렵다. 오히려 데이터는 그 자체의 삶을 살고 그 자체의 진리를 가진다. 그것이 우리 인간의 진리보다 더 높은 수준의 객관성을 지니고 있다고 판단한다면 어떤 일이 벌어질 것인가. 위의 기사에서 보듯이, 법정에서 "인간의 전언보다 데이터(그것이 비록 불규칙적이고 신뢰하기 어려운 것이라 해도)를 우선시한다는 것은 알고리즘에 권력을 넘겨주는 것을 의미"한다는 점을 기억하고 있어야 할 것이다.

5. 사물인터넷과 인간인터넷

우리는 머지않아 데이터-주체, 즉 데이터로 존재하는 주체 혹은 더 나아가 데이터의 대체물이나 보조물로 전락할 수 있는 주체가 될 것이다. 또는 그저 데이터나 생산하는 대량의 생명체로 살아가게 될지도 모른다. 이것을 인간의 미래에 대한 악담으로 이해해서는 안 된다. 사실상 우리는 이미 데이터-주체이기 때문이다. 자신의 신체 활동과 건강 상태 데이터를 지속적으로 추적하면서 측정·기록하는 것은 단순히 자기계발 차원에서 이해될 수도 있지만, 좀 더 근본적으로 인간의 미래를 보여주기도 한다. 즉, 자기기록의 기술과 문화는 초보적인 수준에서 이루어진 포스트-휴먼(post-human)의 기술적 진보의 한 단면이다. 레이 커즈와일(Ray Kurzweil)이 주장하듯, 기계의 지능이 인간의 지능을 넘어서는 시점인 '특이점'(singularity)의 시기 이후에 인간이 육신을 버리고 데이터의 형태로 존재할 것이라고 꿈꾸는 것(커즈와일, 2007)이 아주 먼 미래의 일은 아닐지도 모른다.

우리 시대는 이제 데이터의 시대로 넘어가고 있다. 2020년경에는 우리가 관리할 데이터의 양이 지금에 비해 몇 십 배 이상으로 늘어날 것이라고 예상되는데, 이는 기본적으로 센서 기술의 발전 및 사용과 직접적으로 연관되어 있다. 최근 몇 년간 빅데이터와 더불어 사물인터넷(Internet of things) 기술이 한창 높이 평가되고 있는데, 이는 센서를 통한 무수한 데이터의 생산이 가져올 기술적 약속 때문이다. 즉, 사물과 인간 사이의 상호작용과 커뮤니케이션을 넘어 사물과 사물 사이의 상호작용과 커뮤니케이션을 통해 자동적으로 교환하고 산출할 데이터의 상업적 가치가 크기 때문이다. 하지만 사물인터넷은 사실 데이터 사회를 구성하는 한 측면일 뿐이다. 우리가 일상적으로 사용하는 사물에 센서가 부착되는 것을 사물인터넷이라고 한다면, 우리의 신체 자체에 센서를 직접 부착하는 것을 자기기록이라고 부를 수 있을 것이다. 달리 말하면, 데이터 사회를 구성하는 나머지 반쪽은 아마도 "인간인터넷"(린치, 2016)이라고 부를 수 있을 자기기록의 기술과 문화가 아닐까. 그렇다고 할 때, 디지털 기술을 자기계발과 건강 증진에 적용하는 자기기록 기술의 사용자들은 센서가 부착된 인간 무리, 센서를 부착해 데이터를 생산하는 인간의 네트워크로 기능할 것이다. 사물, 인간, 네트워크가 모두 하나의 체계 내에서 데이터를 주고받는 만물인터넷(Internet of everything)의 환경 내에서 인간은 다른 사물들과 다를 바 없이 센서가 부착된 채 자율적으로 움직이는 데이터 산출 기계로 전락하게 될지도 모른다.

우리는 즐거운 마음으로 운동하면서 혹은 게임처럼 친구들과 경쟁하면서 건강을 지키게 해주는 첨단 기기의 얼리어답터의 희망찬 관점으로부터 자기기록의 활동을 바라보면서 이 논의를 시작했다.

그러나 어느새 디지털 자기기록의 기술과 활동은 마치 인간 주체의 종말을 예견하는 듯한 암울한 묵시록으로 향해가는 것처럼 보인다. 그럼에도 우리가 그와 같은 빠져나갈 수 없을 것 같은 전지전능한 데이터 사회의 그물망으로부터 벗어날 수 있는 길은 없는 것일까?

어떤 학자들은 자기기록의 활동이 그 자체로 대안적인 데이터 활동이라고 보고 이 활동을 개인 데이터를 축적하는 알고리즘 권력에 맞서는 일종의 "부드러운 저항"이라고 여긴다(Nafus and Sherman, 2014). 예를 들면 "수량화된 자아" 운동의 참여자들은 자신들의 목적에 적합한 데이터 측정 방식과 기술을 개발하거나 공유하고 데이터의 주인으로서 어떤 데이터를 축적하며 다양한 데이터에 의미를 어떻게 부여할 것인지를 스스로 결정하기 때문에, 사용자가 데이터 추적에서 주도권과 자기결정권을 가진다고 믿는다. 수량화된 자아 운동의 주창자인 게리 울프는 이 프로젝트를 대안적 자기 인식의 과정, 즉 자기기록 활동을 통해 스스로에 대해 더 잘 알아가는 과정으로 이해하면서 이를 일종의 "역공학"(reverse engineering)이라고 부른다 (Wolf, 2016). 그러나 문제는 자기기록을 통해서 우리가 우리에 대해 알아가는 것 이상으로 제3자 혹은 자율적 알고리즘이 우리에 대해 알게 된다는 점이다. 이뿐만 아니라 자발적이고 개인적인 혹은 공동체를 위한 동기에 의한 것이 아니라 강제되거나 착취된 방식의 자기기록이라면, 부드러운 저항의 가능성 자체가 어렵거나 애초에 불가능할 것이라는 점도 문제다.

그렇다고 자기기록의 기술 자체를 거부하거나 파괴하는 것으로는 문제를 극복할 수 없다. 우선 우리 사회가 데이터 사회로 진입하고 있다는 점, 그 데이터 사회에서는 인간이 혹은 기술의 사용자 주체가 근본적인 변화를 겪는다는 점, 그 근본적인 변화는 인간과 사물 사이의 전통적인 위계를 뒤흔들고 나아가 인간성의 위상 자체를 전복시킬 가능성을 내포하고 있다는 점을 인정하는 것으로부터 시작해야 할 것이다. 개인이 생산하는 데이터를 지키고 보존하며 그 피드백을 다시 개인에게 되돌려 주는 것과 같은 폐쇄적인 데이터의 순환은 매우 제한적인 기술적 진보를 가져올 것이다. 건강 데이터를 추적하고 분석함으로써 질병의 보편적인 원인을 파악하거나 개인의 치유법을 찾아가는 것과 같은 의료 기술도 개인들의 데이터 공유를 통해서만 가능하다. 다소 패배적으로 읽히거나 역설적으로 들리겠지만, 우리가 데이터 사회에서 경험할 무력감은 빼앗긴 데이터를 다시 우리들에게 되돌릴 싸움을 위한 가장 기본적인 출발점이 될 것이다. 하지만 그와 동시에 우리는 이 피할 수 없는 사물-신체-데이터의 디지털 기록과 소통이 어떻게 착취의 대상이 아니라 해방의 기술이 될 수 있을 것인지를 끊임없이 물어야만 할 것이다.

참고문헌

김상민. 2016. 『디지털 자기기록의 문화와 기술』. 커뮤니케이션북스.

김형섭. 2016.5.18. "朴대통령 '개인정보, 불필요한 걱정⋯신산업 원천으로 생각해야'." ≪뉴시스≫. http://www.newsis.com/ar_detail/view.html/?ar_id=NISX20160518_0014092012.

린치, 마이클(Michael P. Lynch). 2016. 『인간 인터넷: 사물 인터넷을 넘어 인간 인터넷의 시대로』. 이충호 옮김. 사회평론.

커즈와일, 레이(Ray Kurzweil). 2007. 『(기술이 인간을 초월하는 순간) 특이점이 온다』. 김영남·장시형 옮김. 김영사.

Andrejevic, M. 2013. *Infoglut: How too much information is changing the way we think and know.* New York: Routledge.

Bogle, Ariel. 2016.1.20. "Fitbit captures the exact moment of devastating heartbreak." *Mashable.* http://mashable.com/2016/01/20/fitbit-captures-breakup-moment/

Crawford, K. 2014.11.19. "When Fitbit is the expert witness." *The Atlantic.* http://www.theatlantic.com/technology/archive/2014/11/when-fitbit-is-the-expert-witness/382936/

Gartner. 2015. "Gartner reveals top predictions for IT organizations and users for 2016 and beyond."(Press Release), 2015.10.6. http://www.gartner.com/newsroom/id/3143718

Lanier, J. 2014. *Who owns the future?* New York: Simon & Schuster.

Lupton, D. 2014. "Self-tracking modes: Reflexive self-monitoring and data practices." SSRN. http://ssrn.com/abstract=2483549

Murphy, S. 2016.2.11. "Husband learns wife is pregnant from her Fitbit data." *Mashable.* http://mashable.com/2016/02/10/fitbit-pregnant/

Nafus, D. and J. Sherman. 2014. "This one does not go up to 11: The Quantified Self movement as an alternative big data practice." *International Journal of Communication*, 8(2014), pp. 1784~1794.

PricewaterhouseCoopers. 2014. "The wearabless future." http://www.pwc.com/us/en/technology/publications/wearable-technology.html

Ruckenstein, M. 2014. "Visualized and interacted life: Personal analytics and engagements with data doubles." *Societies*, 4(2014), pp. 68~84.

Sherman, B. 2016.1.7. "ORU freshmen are all wearing fitness trackers in pioneer program." *Tulsa World*. http://www.tulsaworld.com/news/religion/oru-freshmen-are-all-wearing-fitness-trackers-in-pioneer-program/article_38e95c1c-a584-5bbc- 875c-910f241958e8.html

Terranova, T. 2004. "Free labor." In *Network culture: Politics for the information age*. London: Pluto Press.

Till, C. 2014. "Excercise as labour: Quantified self and the transformation of exercise into labour." *Societies*, 4(2014), pp.446~462.

Wolf, G. 2016. "The Quantified self: Reverse engineering." in D. Nafus(ed.). *Quantified: Biosensing technologies in everyday life*. Cambridge, MA: MIT Press.

5장

플랫폼 담론과 자본
그리고 노동*

김동원

1. 들어가며: 플랫폼 경제라는 환상

2010년 6월 미국 샌프란시스코에서 처음 서비스를 시작한 우버 (Uber)는 우버화(uberization)라는 신조어를 만들 정도로 디지털 테크놀로지를 이용한 새로운 비즈니스 모델로 떠올랐다. '우버화'가 단순한 비즈니스 모델에 머물지 않은 것은 인터넷 등 IT 산업에 한정되었던 플랫폼을 오프라인으로 확장시켰기 때문이다. 콘텐츠뿐 아니라 무형의 용역(service)을 제공하는 사업자 또는 노동자를 이용자와 연결시켜 주는 플랫폼을 대중교통에 적용하면 바로 틈새시장이 보인다. 규칙적인 운행 스케줄을 기반으로 이동하는 버스와 지하철은 고정된 물리적 플랫폼(버스정거장, 지하철역)이 존재하기 때문에 승객들

---

* 이 글은 김동원, 「플랫폼 담론과 플랫폼 자본: 삶정치 노동의 확장」, ≪문화/과학≫, 87호(2016년 가을)을 일부 수정·보완한 것이다.

은 지정된 장소에 모여 승하차를 하면 된다. 그러나 유독 택시만은 전용 정거장이 있더라도 이용하는 기사와 승객은 소수에 불과하다. 택시와 승객 모두 끊임없이 이동하기 때문에 오프라인에 물리적 플랫폼을 지정하는 것은 서로 경쟁해야 하는 택시 기사와 시간에 쫓기는 승객 모두에게 어떤 유용성도 없기 때문이었다. 우버가 착안한 것은 택시와 승객을 만나게 하는 플랫폼이 반드시 오프라인에 존재할 필요는 없다는 점이었다. 모바일 네트워크 커뮤니케이션 환경이 확산되면서 스마트폰의 어플리케이션을 개인화된 플랫폼으로 사용할 수 있게 되었기 때문이다. 특히 실업률 상승에 대한 우려가 높아지던 경제 상황에서 택시 회사의 노동자들이 아닌 일반인들이 부가 수입을 얻기 위해 승용차를 자유롭게 운행할 수 있다는 장점은 노동력의 공급에도 유리했다.

서비스와 이용자(소비자) 간 매개 역할을 담당하는 이런 비즈니스 모델은 곧 다른 부문으로 급속히 확대되었다. 숙박업체(Airbnb), 유통업체(Alibaba, Amazon) 등 기존 오프라인 기업을 대체하는 기업뿐 아니라 인터넷을 통해 콘텐츠를 매개하는 미디어 플랫폼(facebook) 또한 등장했다. 이러한 비즈니스 모델은 어느새 공유 경제(Sharing Economy), 긱 이코노미(Gig Economy), 온디맨드 경제(On-demand Economy)라 불리는 새로운 경제 모델로 안착하기 이르렀다. 이러한 기업들은 기존 오프라인 경쟁 사업자들과 달리 차량, 숙박업소, 소비재, 미디어 콘텐츠를 자체 생산하지 않으면서 정보를 매개하는 역할만으로도 일자리와 이윤을 창출할 수 있다는 디지털 테크놀로지의 신화 확산에 크게 기여했다.

그러나 몇 년 전부터 우버는 미국과 해외에서 잦은 소송에 대응해야 했다. 자신들은 기존의 택시 업체와 같은 사업자가 아니라 애플리케이션을 통해 이용자, 승객, 기사 개개인 간의 정보를 매개해주는 플랫폼(intermediary platform)일 뿐이기 때문에 우버 기사는 고용된 기사(employee)가 아니라고 주장해왔기 때문이다(Lowey, 2015). 대표적인 예로 2015년에 샌프란시스코에서 우버 택시를 운행했던 한 기사가 자신의 고용주로 우버를 적시하며 미지급된 비용을 청구한 소송을 들 수 있다. 그동안 우버는 기사들이 피고용인(employee)이 아니라 도급업자(contractor)라 주장하며 책임을 회피해왔다. 그러나 캘리포니아 노동위원회(Labor Commission)는 "원고(우버 기사)와 같은 이들이 없었다면 피고(우버)의 사업은 존재할 수 없다"는 이유로 이례적인 원고 승소 판결을 내렸다(NPR, 2015.6.17). 그러나 이러한 판결은 이례적일 수만은 없게 되었다. 2016년 10월 영국의 런던 지방법원에서도 우버가 기사들에게 사회보장, 건강보험, 유급 병가 및 유류비 등을 지급해야 한다는 판결을 내렸기 때문이다. 이는 단지 우버라는 한 사업자에만 영향을 미친 것이 아니라 "긱 이코노미의 노동자 모두가 적용받을 수 있는 파격적인 판결"이라는 호응을 끌어내고 있다(CNet, 2016.10.28).

어느새 우버로 대표되는 새로운 경제의 모델은 동일 시장 내 기존 사업자들과의 경쟁과 질 낮은 노동 조건을 확대할 뿐이라는 평가가 나오기 시작했다(Griswold, 2014). 서비스의 공급자와 수요자가 직접 커뮤니케이션할 수 있도록 매개해주는 모델은 단순히 유통 부문의 혁신이라고만 볼 수는 없다. 스스로 콘텐츠와 서비스를 생산하지 않으면서 공급과 소비 사이의 매개 역할만으로 이윤을 창출하는 방식은 다양한 쟁점을 낳기 때문이다. 우버의 기사들은 우버가 고용한 노동자인가, 아니면 스스로의 노동 결정권을 가진 자영업자인가의 논쟁, 퍼블리셔(publisher)의 자격으로 자기 홍보의 이익(self-promotion)을 얻게 해준다며 블로거들의 무상 노동(free labour)으로 수익을 내는 허핑턴포스트의 문제, 최저임금 이하의 대가가 오가는 온라인 인력시장 아마존 메커니컬 터크(Amazon Mechanical Turk)나 태스크래빗(TaskRabbit) 지위 등은 이미 잘 알려진 이슈들이다. 2007년부터 새로운 인터넷 기반의 사업 모델을 살펴본 숄츠가 기존과는 다른 경제의 불연속성이 나타나지만, 인터넷에 기반을 둔 노동 시장으로의 전환은 전통적인 부불노동의 경제를 더욱 강화시킬 뿐이라고 지적한 것도 이러한 맥락의 일환이다(Scholz, 2013).

이 새로운 유형의 경제를 이 글에서는 다음과 같은 차별성을 지닌 플랫폼 경제(Platform Economy)라 부르기로 한다(Van Alsyne et al., 2016). 상품이나 서비스 공급자를 소비자와 연결시켜주는 역할이란, 곧 매개의 지위에 있는 사업자의 역할이다. 이는 우리의 일상에도 이미 익숙하다. 그러나 플랫폼 경제는 비즈니스 모델이 아닌 새로운 형태의 노동형상(figure of labor)으로 볼 때, 경제 전반에 끼치는 영향을 가늠할 수 있을 것이다(Negri and Hardt, 2008). 노동형상은 제조업 노동, 서비스 노동, 가사 노동과 같은 노동형태와 달리 생산양식의 변화에 따라 가치 창출의 방식을 달리하는 노동을 뜻한다. 노예노동, 농업노동, 산업노동 등과 같이 다양한 노동형태들이 갖는 공통의 기반을 노동형상이라 부를 수 있다. 플랫폼 경제의 부상은 기존의 산업노동과 다른 방식의 가치를 창출하는 노동의 등장을 배후로 한다. 물론 우버나 메커니컬 터크와 같은 고용 형태과 임노동 조건이 양적으로 노동시장에서 지배적인 지위를 누리고 있지는 않다. 그러나 이러한 노동은 플랫폼 경제라는 담론과 비즈니스 모델을 통해 기존의 노동형상들의 변화를 끌어내고 정당화하는 헤게모니를 행사하고 있다는 점에서 간과할 수 없는 영향력을 갖는다. 이 글에서는 플랫폼 경제를 지탱하고, 이를 확산시키는 데 기여하고 있는 노동형태들의 공통적 조건들의 발견을 위해 몇 가지 사례를 분석하려 한다.

이를 위해 다음 절에서는 플랫폼 경제를 새로운 노동형상으로 볼 수 있는지 이론적으로 검토하고 특히 미디어 플랫폼 노동에 주목해야 할 이유를 논하려 한다. 이어서 플랫폼이 새로운 경제 모델에서 갖는 두 가지 효과, 즉 담론으로서의 효과와 실물 경제에서 작동하는 방식을 구분할 것이다. 이러한 구분을 통해 이 글에서는 플랫폼이 우버와 같은 서비스 경제뿐 아니라 미디어 산업에서도 새로운 노동형상과 통제를 현재진행형으로 만들어내고 있음을 몇 가지 사례로 설명하고자 한다. 끝으로 미디어 플랫폼과 노동의 문제는 결코 미디어와 테크놀로지 분야의 연구가 아닌 또 다른 수준의 연구와 결합될 필요가 있음을 주장할 것이다.

2. 디지털 테크놀로지와 플랫폼 자본 그리고 노동

플랫폼 경제에 대한 시선은 다분히 양가적이다. 특히 플랫폼 경제를 모델로 하는 자본은 디지털 테크놀로지를 전면에 내세움으로써 이전과는 전혀 다른 자본임을 천명하고 있다. 학계 또한 이에 호응해 '제4차 산업혁명', '제2의 기계시대'라는 찬사를 보내고 있다(Schwab, 2016; Brynjolfsson and McAfee, 2014). 국내에서도 많은 주목을 받은 제2의 기계시대는 그러한 양가적 시선의 대표적인 접근이다. 산업혁명을 제1차 기계시대로 보는 이들은 디지털 테크놀로지로 인한 새로운 자본주의 패러다임, 즉 제2차 기계시대를 제안한다. 브리뇰프슨(Erik Brynjolfsson)과 맥아피는 디지털 테크놀로지와 새로운 자본주의 패러다임에 대해 인공지능을 비롯한 테크놀로지에 의한 숙련 일자리의 대체 같은 부정적 예견과 고임금의 새로운 일자리 창출 따위의 긍정적 기대를 동시에 논한다. 게다가 유효수요의 창출을 위해 '기본소득'에 대한 진보 진영의 주장까지 수용한다. 그러나 대중적 호응을 얻고 있는 이들의 접근에 대해 한 평자는 "사회가 디지털 테크놀로지로부터 넉넉함(bounty)을 극대화하고 (실업과 저임금의) 확산(spread)을 최소할 능력을 갖추고 있다"는 전제를 비판한다(Spencer, 2016). 이러한 양가적 접근은 사실상 일반 대중이 아닌 정책 결정자들에게 일과 인간성의 더 나은 미래를 보장할 방법을 요구함으로써 디지털 테크놀로지가 통제 가능할 것으로 믿는 순진한 발상이라는 것이다.

토플러(Alvin Toffler) 이후 자본주의의 축적/발전 패러다임을 구분해 자본과 노동의 관계를 설명하려는 접근은 비단 보수적인 학계에만 국한되지는 않았다. 대표적으로 맑스주의의 흐름 중 자율주의(autonomia)의 전통이 그렇다. 이들은 초기에 노동과정을 통해 구성(constitution)되는 노동계급이라는 입장을 통해 형식적 포섭의 단계인 매뉴팩처(숙련 노동자), 실재적 포섭의 단계인 대량생산(탈숙련/대중 노동자), 그리고 교통과 커뮤니케이션의 발달로 인해 두 유형의 포섭이 교차하는 사회적 공장(다중)으로 자본과 노동의 구성-탈구성-재구성 단계를 제안했다(네그리, 2012). 대표적인 자율주의 이론가인 네그리가 『다중』에서 도입한 노동형상이라는 개념 또한 패러다임 접근의 혐의를 벗기 어렵다(본펠드, 2014).

무엇보다 새로운 노동형상의 강조는 마치 이전 시기의 모든 노동형상들이 소멸하고 급진적인 이행을 겪는 것처럼 이해될 수도 있다. 생산의 시공간이 전 지구적 범위가 되었다고 말할 때조차, 비물질노동의 관점은 선진자본주의 국가의 새로운 노동형태가 제3세계와 남반부의 비임금 노동자 착취, 심지어는 같은 국가 내 잔존하고 있는 산업노동의 투쟁을 은폐하는 이데올로기라는 비판을 받을 수 있기 때문이다(카펜치스, 2014; 달라 꼬스따, 2014). 또한 전통적인 산업노동과 대비해 비물질노동의 우선성을 주장하게 되면 경제활동인구와 같은 가시적 가치 증식에 기여하는 노동자 집단만을 투쟁의 주체로 상정하는 오류를 범하게 된다. 예컨대 2000년 이후 격화된 금융 자본주의가 "고용없는 성장"을 주도함으로써 대량 실업 인구(산업예비군)를 양산했을 때, 비물질 노동의 접근은 이들의 존재가 자본주의 사회의 가치 창출에 아무런 기여를 하지 못한다는 주류 경제학의 이데올로기에 동조하는 셈이 된다.

농업 및 산업노동과 같은 오래된 노동형상 그리고 가치 증식에 기여하지 못하는 산업예비군을 배재하는 비물질노동의 한계는 디지털 테크놀로지를 앞세워 플랫폼 경제를 지탱하는 노동형태의 분석에서 중요한 참조점이 된다. 패러다임 접근의 관점에서 본다면 현재 진행되고 있는 자본의 고용방식, 착취수단, 이윤창출의 방식을 이해하기 어렵다. 예컨대 대표적인 플랫폼 자본인 메커니컬 터크나 태스크래빗은 일거리를 얻은 사람들에게 지루하고 반복적인 업무를 부여하고, 최저임금 이하의 대가를 지불하며, 당연히 사회보장 따위는 제공하지 않는다(Bergvall-Kåreborn and Howcroft, 2014). 이들의 플랫폼을 통해 노동을 제공하는 이들은 도급업자의 지위조차 인정받지 못하기에 근로 기준 준수와 같은 규제의 사각지대에 놓여 있다. 무엇보다 이들은 플랫폼을 통해 이용자들과 더욱 거리를 둘 수밖에 없고, 자본은 이를 빌미로 도덕적 책임조차 지지 않으려 한다. 요컨대 플랫폼 자본이 주도하는 제4차 산업혁명, 제2의 기계시대에 19세기 영국 자본주의에서도 준수되던 노동법이 무시되는 고전적 착취 방식이 부활한 셈이다. 디지털 테크놀로지를 플랫폼 경제 부문이 아닌 전통적인 제조·유통업에 도입해도 착취 방식은 달라지지 않는다. 일부 제조업 작업 현장에서는 건강 프로그램(Wellness Programmes)이라는 이름으로 노동자에게 건강상태를 체크한다는 명목의 전자

장비 작업복을 입히고 있다. 그러나 이 장비는 건강 체크보다 작업 과정에 대한 감시와 노동시간의 연장을 위한 수단으로 쓰이고 있다(Davies, 2015). 아마존의 물류창고에서도 디지털 테크놀로지는 노동자들의 작업 수행성과를 감시하고 평가하는 시스템에 이용되고 있다(Schumpeter, 2015). 제2의 기계시대에 21세기 테일러리즘(Digital Taylorism)이 확산되고 있는 현상을 어떻게 이해해야 하는가?

네그리가 『다중』에서 소개한 노동형상의 개념은 유연하게 해석될 필요가 있다. 그는 기존의 서비스 노동, 지적 노동, 인지 노동, 정동 노동과 같은 용어들이 지나치게 무형(immaterial)의 노동 생산물을 강조했다는 한계를 받아들여 생산물을 낳는 노동 자체에 여전히 물질적 성격이 사라지지 않았음을 주장한다(네그리, 2008). 그는 대안으로 "물질적 재화뿐 아니라 관계들 그리고 궁극적으로는 사회적 삶 자체를 생산하는 노동"으로 삶정치적 노동을 제안한다. 네그리의 이어진 저작인 『공통체』에서는 "삶정치적 생산"으로 다시 수정되는 이 개념은 비물질적 생산물이 노동자의 정체성을 규정지음으로써 다른 노동형상에 헤게모니를 행사하는 경향, 생산노동과 재생산 노동의 경계가 사라지는 노동의 여성화 경향, 새로운 패턴의 이주 및 사회적·인종적 혼합 과정에서 발생하는 노동의 분열 경향을 포괄하고 있다. 더욱 범위가 넓어진 삶정치적 생산의 개념은 『공통체』에서 네그리가 견지하는 입장 즉, 패러다임 접근의 계급 구성이 아니라 오래된 계급구성과 새로운 계급재구성이 서로 얽히고 경쟁하는 투쟁으로 이해할 수 있다. 예컨대 앞서 예를 든 플랫폼 자본의 노동 착취와 노동계급 구성은 사회적 공장이나 비물질 노동으로 간단히 정리될 수는 없다. 포드주의 대량생산 시기뿐 아니라 이전 시기의 테일러리즘이 부활한 것은 삶정치적 생산을 포섭하려는 자본의 통제, 즉 "삶정치적 착취"를 수행하는 자본의 투쟁으로 보아야 한다.

플랫폼 자본과 노동의 관계를 패러다임 접근이 아닌 삶정치적 생산과 착취가 교차하는 사회적 관계로 본다면, 새로운 노동형상이 기존 산업 부문에 영향을 미치는 방식은 담론을 통한 헤게모니 투쟁의 일환으로 간주할 수 있다. 요컨대 플랫폼 자본이 새롭게 창출하는 일자리와 고용형태 그리고 고전적인 노동착취 방식은 제4차 혁명이나 제2의 기계시대와 같은 담론에 의해 은폐되거나 환상으로 작용한다. 이 글에서 전통적인 신문과 방송이라는 산업이 어떻게 플랫폼 자본의 헤게모니 투쟁을 통해 변형되고 있으며 노동자와 소비자(대중) 간의 관계를 재설정하고 있는지 살펴본다. 특히 미디어 산업은 삶정치적 생산과 착취를 간파하기에 적합한 영역 중 하나다. 전형적인 비물질노동과 정동노동의 현장이면서도, 양면시장이라는 특성으로 인해 플랫폼 자본에 포섭되기 쉬운 자본 형태이기 때문이다. 디지털 테크놀로지에 민감한 미디어 산업은 구조조정 같은 물리적 무력을 앞세우는 강요가 아닌 담론을 통해 사회 전반에서 지적·도덕적 동의를 획득한다. 이 동의는 정부의 규제 완화나 금융자본의 투자 유입을 원활하게 만들며 디지털 테크놀로지로 강요되는 삶정치적 착취를 은폐하는 계기가 된다. 따라서 다음 절에서는 플랫폼을 담론으로서의 플랫폼과 자본으로서의 플랫폼으로 나누어 살펴보려 한다.

3. 담론으로서의 플랫폼과 자본으로서의 플랫폼

1) 담론으로서의 플랫폼

한국에서는 2000년대 중반부터 경영학과 비즈니스 모델에서 사용되기 시작한 '플랫폼'이라는 용어는 명확한 정의가 어렵다. 특정한 개념의 모호함은 지시 대상(reference)이 수시로 바뀌는 기표임을 뜻하며, 이 기표가 미끄러지며 만들어내는 기의의 범위가 바로 담론이된다. 우버나 에어비앤비는 자본으로서 취하는 순환 과정보다 플랫폼이라는 기표를 통해 공유 경제로 등장했다.

플랫폼은 그 용법(usage)만으로도 미디어 산업에 참여하는 행위자들에게 서로 다른 기대를 낳게 한다(Gillespie, 2010). 컴퓨터 공학에서 특정한 어플리케이션의 구성과 이용을 가능하게 하는 인프라로 쓰이지만(기술적 플랫폼), 일상의 용어에서는 지하철 플랫폼처럼 어떤 활동의 편리를 위해 표면에서 불거진 특정한 구조물을 가리키는 말로 사용된다(구조물로서의 플랫폼). '단상'을 떠올리게 하는 플랫폼은 그래서 어떤 목적을 달성하기 위한 입지나 상황과 같은 디딤돌이라는 은유적 의미로 쓰이기도 한다(은유로서의 플랫폼). 이러한 은유는 특정한 분야, 즉 정치적 상황에서 정치인들이 자신의 신념을 드러내어 유권자들의 주목을 끌기 위해 채택하는 '이슈'라는 의미로 확장되기도 한다(정치적 플랫폼). 네 가지 용법 중 결정적인 것은 기술적 플랫폼과 구조물로서의 플랫폼이다. 기술적 플랫폼은 어떠한 어플리케이션도 이용 가능한 (범용) 인프라를 제공해야 한다는 점에서 기술적 중립성을, 구조물로서의 플랫폼은 행위 주체가 누구더라도 그 활동의 편리를 제공해야 한다는 점에서 개방성을 핵심으로 한다.

이로부터 플랫폼이라는 용어는 디지털 산업처럼 새로운 분야가 등장하는 곳에서 그 명칭만으로도 이데올로기의 효과를 낳는다. '웹 2.0'이라는 용어가 그랬듯, 플랫폼은 개방, 중립, 평등 그리고 진보의 함의를 지닌다. 이 용어의 효과는 유튜브와 같은 미디어 플랫폼 사업자가 플랫폼에 참여하는 행위자들에게 M-C…P…Ć-Ḿ이라는 자본의 순환 전체를 은폐하고 각자가 처한 위치에서만 플랫폼 사업자에게 의미를 부여하게 만든다. 유튜브는 엔드 유저(end users), 광고주(advertisers), 콘텐츠 전문 제작자(professional content producers)들에게 자유로운 콘텐츠의 업로드와 공유, 수많은 타깃 수용자들에 대한 마케팅 효과, 대규모 이용자(수용자)들에 대한 접근과 광고 수익의 보장을 약속해준다. 플랫폼에 참여하는 행위자들에 대한 미디어 플랫폼의 담론은 정부의 정책에 대한 대응에서 결정적인 효과를 발휘한다. 망중립성이나 불법 콘텐츠, 저작권 침해 등의 논쟁에서 플랫폼 사업자들은 그 법적 책임을 콘텐츠 제공자나 이용자들에게 전가하기 너무도 쉬운 위치에 있었다. 중립성, 개방성, 평등함과 진보라는 플랫폼의 키워드들은 언제라도 플랫폼의 통제와 차별을 은폐하는 담론으로 효과를 발휘할 수 있다. 그러나 담론이 아닌 플랫폼을 공급과 소비, 또는 노동(노동생산물)과 소비(이용)가 만나는 시공간으로서 파악할 경우 전혀 다른 맥락에 놓여진다.

2) 자본으로서의 (미디어) 플랫폼

몇몇 분과 학문에서 플랫폼에 대한 정의는 담론의 용법만큼 다양하다. 기술적 플랫폼, 경제적 플랫폼 등 여러 유형으로 나눌 수 있으나 이 중 경제적 플랫폼은 거래의 매개에 중심을 둔다는 점에서 주목할 필요가 있다. 즉, "시장 내 서로 다른 부문에서 활동하는 행위자들을 매개해주고, 그것의 효용이 상대편에 대한 참여와 이용(usage)에 의해 영향을 받는 실체(entities)"가 플랫폼이라는 것이다(Ballon and Heesvele, 2011). 시장 거래의 행위자들을 매개하는 플랫폼에서는 행위자들이 두 개 이상의 집단(공급자-소비자)으로 존재하고 있으며, 플랫폼은 이들의 거래를 매개함으로서 행위자 집단 내, 또는 집단 간 네트워크 효과(또는 네트워크 외부성)에 의존한다. 이로부터 거래 과정을 표준화하거나 지불 비용을 낮춤으로써 거래 비용의 축소를 가능하게 한다. 대표적으로 신용카드, 쇼핑몰, 부동산 등이 오래된 플랫폼 경제의 예로 볼 수 있다.

경제적 플랫폼에서 핵심 요소를 '행위자 집단 간 거래', '매개', 그리고 '네트워크(효과)'라고 본다면 미디어 플랫폼에서는 확보된 수용자 집단이 필요한 '수요 측면에서의 규모의 경제'가 요구된다. 미디어 플랫폼에서 거래되는 상품은 무형의 콘텐츠로 그 가치의 실현에는 충분한 규모의 수용자들의 주목(attention)과 이용이 필요하다. 따라서 미디어 플랫폼은 개별 콘텐츠 사업자들이 확보하기 어려운 이용자/소비자들을 시공간 상에서 결집시켜 매개하는 역할을 담당한다. 이 과정에서 미디어 플랫폼은 이용자/소비자들에 대한 통제는 물론 콘텐츠 공급자에 대한 통제를 통해 이윤을 창출한다. 기존의 경제적 플랫폼과 다른 점은 바로 행위자 집단 간/내 커뮤니케이션의 매개에 있다. 대표적인 미디어 플랫폼으로 카카오톡을 살펴보자. 초기 카카오톡은 '무료 문자 서비스'라는 장점으로 어떤 콘텐츠도 없이 수천만의 이용자 간 커뮤니케이션을 매개했다. 이렇게 커진 이용자 규모는 카카오톡에게 게임 콘텐츠의 유통(퍼블리싱)을 가능하게 했다. 수요 측면에서의 규모의 경제가 만들어지자 스스로 게임 콘텐츠의 플랫폼이 된 셈이다. 물론 카카오톡이 만든 게임은 어디에도 없었다. 오직 '애니팡', '캔디 크러시'와 같은 다른 회사의 게임 콘텐츠가 이용자들 사이의 커뮤니케이션(하트 주고받기)을 통해 확산되었다. 이후 카카오톡을 통해 퍼블리싱되지 않는 게임은 순위에 못들 정도로 인기를 끌었다. 이렇게 되면서 자연스럽게 게임 업체 사이에서도 출시 정보, 아이템 가격 등을 주고받는 플랫폼 외부의 커뮤니케이션이 생겨났다. 소비자와 이용자 간 커뮤니케이션뿐 아니라 공급자 간 커뮤니케이션을 매개함으로써 카카오톡은 잠시나마 1위 게임 플랫폼 사업자가 될 수 있었다.

이러한 미디어 플랫폼은 포털의 뉴스 서비스, 페이스북의 인스턴트 아티클, 구글의 앰프(AMP), 애플 뉴스 등 실로 다양한 형태로 등장하고 있다. 그러나 미디어 플랫폼을 단순히 뉴스와 게임 같은 콘텐츠가 아니라 공급자·이용자 간/내 커뮤니케이션을 가능하게 하는 시공간 시스템으로 본다면 전통적인 미디어 영역에서만 존재하는 것이 아니다. '카카오 택시', '배달의 민족', '직방'과 같이 오프라인상의 공급자와 소비자를 직접 매개해주며 두 집단에 일정한 통제를 가하는 플랫폼 사업자들(O2O) 또한 미디어 플랫폼인 셈이다. 플랫폼 경제 또한 매개라는 점에서 미디어의 속성을 본질로 한다. 통상적인 의미의 미디어 플랫폼에서는 유튜브, 페이스북과 같이 콘텐츠가 공유되고 유통된다. 우버와 같은 플랫폼 비즈니스 모델에서는 콘텐츠가 아닌 공간적으로 분산된 노동과 서비스가 화폐와 교환되며, 여기에 참여하는 공급 측과 수요 측 모두에게 필요한 정보를 제공해준다. 에어비앤비나 이베이 같은 플랫폼에서는 구매하거나 임대할 자산(주택이나 소비재)의 가격과 품질에 대한 정보를 제공한다.[1] 요컨대 미디어 플랫폼이나 플랫폼 모두 참여자들 간의 커뮤니케이션이 이루어지는 장을 제공한다. 문제는 이 커뮤니케이션의 과정이 테크놀로지와 데이터에 의해 규정된다는 점이다.

4. 미디어 플랫폼을 통한 커뮤니케이션과 노동

담론으로서의 플랫폼이 자신의 내부를 숨기고 중립성, 개방성, 평

---

[1] 미디어 플랫폼에서는 플랫폼을 매개로 콘텐츠 사업자와 이용자들이 만나지만, 다른 플랫폼 경제의 모델에서는 우버와 같이 노동 과정 그 자체가 제공되거나, 에어비앤비, 이베이 같이 매각이나 임대의 방식으로 자산을 제공하는 유형으로 나누기도 한다. 전자는 노동 플랫폼, 후자는 자본 플랫폼으로 구분한다(Farrell and Greig, 2016).

등, 진보 등을 내세워 이용자, 공급자 그리고 광고주와 같은 다양한 행위자들에게 각기 다른 위상으로 인식된다면, 자본으로서의 플랫폼은 행위자들이 어떻게 플랫폼 내·외부에서 교환과 커뮤니케이션을 수행하는지 보여준다. 한동안 플랫폼에 대한 이론적 접근에서는 산업노동이 아닌 비물질노동, 특히 이용자들의 플랫폼 이용 활동을 노동으로 확장시켜서 해석해왔다(Fuchs and Sevignani, 2013; Fuchs, 2014). 이용자들의 활동이 가치를 창출하는 노동인지의 여부는 사회적 총가치의 분배에 있어 전혀 다른 패러다임을 던지기 때문에 중요하지만, 간과할 수 없는 또 다른 노동 형태들이 있다. 플랫폼은 어플리케이션이나 알고리즘과 같은 테크놀로지의 산물(thing)이 아니며 생산되고 운영되기 위한 또 다른 노동이 요구된다. 플랫폼의 구축과 운영에 지출되는 노동이 없다면 이용자들의 활동이 가치를 창출하는 행위가 될 수 없다(김동원, 2015). 마찬가지로 이 플랫폼을 통해 서비스를 제공하거나 유통될 콘텐츠를 제작하는 행위 또한 플랫폼에 의해 이전과 다른 형태의 노동이 된다. 여기서는 전자를 '플랫폼을 위한 노동'(labor for platform)으로, 후자를 '플랫폼을 통한 노동'(labor through platform)으로 구분해 살펴보기로 한다.

1) 플랫폼을 위한 노동: 페이스북 트렌딩 토픽의 사례

우버의 어플리케이션이나 페이스북의 복잡한 알고리즘은 물론 국내 포털 뉴스 서비스의 편집에 쓰이는 시스템이 어떤 과정으로 만들어지고 유지·관리되는지는 자세히 알려져 있지 않다. 그러나 최근 불거진 페이스북 트렌딩 토픽(Trending Topic)의 기사 노출에 관련된 공정성 논란은 블랙박스와 같았던 미디어 플랫폼의 내부를 볼 기회를 제공해주었다.

2016년 5월 중순, '기즈모도'(Gizmodo)는 큐레이터(curator)로 일했던 전 직원의 제보로 페이스북 트렌딩 토픽에서 보수매체와 기사들을 걸러낸다는 소식을 전했다. 대선 레이스가 한창인 때라 이 소식은 큰 파문을 일으켰다. 공화당의 한 상원의원은 저커버그에게 트렌딩 토픽의 가이드라인, 작성 과정 등을 공개하라는 서한을 보낼 정도였다. 이 소식이 충격적이었던 것은 그동안 페이스북 알고리즘에 대한 대중들의 믿음, 즉 사람이 개입하지 않는 테크놀로지 중립성이 무너졌기 때문이다.[2] 독자나 이용자들은 페이스북, 트위터, 인스타그램과 같은 소셜 미디어 플랫폼, 또한 구글의 검색 엔진에도 알고리즘이라는 기술적 중립성을 기대해왔다. 이러한 중립성은 다시 어떤 뉴스라도 페이스북 트렌딩 토픽에 노출될 수 있다는 개방성과 평등의 인식으로 이어졌다. 문제는 여기서 중립성, 다시 말해 뉴스 기사 노출의 공정성은 이용자들과 페이스북 각자에게 서로 다른 의미로 읽히고 주장된다는 점이다(Vara, 2016). 이용자들은 종이 신문이나 언론사의 홈페이지와 달리 페이스북의 트렌딩 토픽에서는

---

2 물론 페이스북은 이전에도 페이스북의 알고리즘에는 개발자들의 조정(adjustment)이 개입한다고 공개했다.

정치 기사의 동등한 분량과 노출 횟수를 공정성이라고 믿는다. 그러나 페이스북은 앞서 플랫폼 담론에서 지적했듯, 자신들을 이용자들의 선호에 맞추어 정보를 전달하는 도관(conduit)으로, 나아가 전기, 전화, 통신과 같은 공공설비(utilities)라 주장한다. 그러나 이용자들은 트렌딩 토픽에 노출되는 기사들이 자신뿐 아니라 페이스북 친구들의 접근과 클릭, 체류로 만들어낸 뉴스피드 알고리즘의 산물이라는 사실을 간과하고 있다. 마찬가지로 페이스북 또한 공공설비가 공익성과 보편성 때문에 공정성(fairness)과 일관성(consistency)을 법적으로 규제받는다는 사실을 숨기고 있다. 게다가 공공설비는 법적 규제에 따라 서비스 이용의 대가를 획득하지만, 페이스북은 구글과 광고를 재원으로 한다는 자본으로서의 속성을 감추고 있기도 하다. 페이스북 트렌딩 토픽의 공정성 논란은 담론으로서의 플랫폼이 자본으로서의 플랫폼이라는, 다시 말해 '삶정치적 노동'의 산물이란 사실과 충돌하면서 벌어진 필연적 사건으로 볼 수 있다.[3]

---

3 이 사건은 2015년 한국에서 불거진 포털 뉴스 서비스의 공정성 논란에 시사하는 바가 크다(Farrell and Greig, 2016). "페이스북과 구글은 오래된 비즈니스 유형이 다른 모습을 취한 형태로 되어가고 있다. 인터넷 기업들처럼 이들은 강력한 경쟁력을 갖추고 상대적으로 정부의 규제 정도가 덜하다. 이들은 미디어 기업의 모습을 취하고 있다. 이용자들이 뉴스를 보는 방식을 페이스북이 점점 더 적극적으로 규정하고 있는 지금, 페이스북은 편향과 오류를 낳을 수 있는 사람의 역할에 대해 인정하는 것이 더 낫다. 이렇게 인정해야 우리가 보아야 할 헤드라인이 무엇인지 결정할 페이스북에 더 많은 자유가 주어질 수 있다. 알고리즘 때문에 기네스북에 기록된 최고령 고양이 소식이 대통령 선거보다 더 중요하다고 결정된다면, 사람이 여기에 개입하는 것이 당연히 더 유용하지 않겠는가?"

여기까지가 페이스북이라는 미디어 플랫폼의 담론에 대한 논란이었다면, 곧이어 ≪가디언(Guardian)≫에 실린 또 다른 전 직원의 기고로 트렌딩 토픽의 큐레이터들이 어떤 노동조건에 놓여 있는지 드러나기도 했다(*Guardian*, 2016.5.17). 이 직원은 트렌딩 토픽에 정치적 편향이 있었다면 그 이유는 의도적인 편집자의 개입이 아니라 노동조건과 업무 시스템에서 기인한다고 설명했다. 물론 페이스북의 공식 답변을 보면 큐레이터들은 나쁘지 않은 조건에서 일을 한다. 5만 5000달러 ~ 6만 5000달러의 연봉은 동종 업계에서 높은 편이기 때문이다. 그러나 ≪가디언≫의 기고문에서 나타난 노동 환경은 전혀 달랐다. 근태나 결근에 따른 엄격한 급여 삭감, 감당하기 어려운 수천 건의 업무량 강요 그리고 목표량에 미달했을 때 바로 전달되는 이메일 경고 등은 전형적인 노동통제의 방식이었다. 또 다른 문제는 트렌딩 토픽이라는 미디어 플랫폼 내에서는 평등한 커뮤니케이션이 부재했다는 것이다. 관리직들이 제시하는 가이드라인은 너무 모호했고, 이에 대한 질문이나 문제 제기에는 아무런 응답이 없었다. 게다가 트렌딩 토픽에 일하는 큐레이터들은 페이스북 다른 부서의 직원 커뮤니티에 접근할 수 없지만, 반대로 다른 부서의 직원들은 트렌딩 토픽 커뮤니티에 접근이 가능했다. 노동자들에 의한 노동자의 통제로 부를 있는 이런 방식은 저널리즘에 대한 이해가 다른 구성원들 간의 불화를 낳기도 했다. 요컨대 페이스북의 정치적 편향은 관리직이나 큐레이터의 정치적 입장에서 비롯된 것이라기보다, 최악의 노동조건이 낳은 부작용으로 볼 수도 있다.

페이스북 트렌딩 토픽이라는 플랫폼을 운영하는 노동자들의 노동환경은 알고리즘으로 수집하는 방대한 데이터 규모로 인한 압박과 노동자 간 커뮤니케이션의 비대칭으로 요약할 수 있다. 알고리즘으로 수집되는 각종 뉴스 데이터들이 노동시간과 강도를 규정하는 것은 한국의 포털 뉴스 서비스에서도 다르지 않다. ≪기자협회보≫의 최근 조사에 따르면 네이버와 카카오의 뉴스 편집 인력은 20~30명 수준이며, 자정에서 새벽 4~5시의 공백을 제외해도 3교대로 근무한다. 이때 뉴스 알고리즘은 편집자들이 뉴스를 배열하기 위한 기사들을 선별하고 제공하는 역할에 그친다. 그러나 그 데이터의 규모는 막대하다. 카카오는 루빅스 시스템으로, 네이버는 클러스터링 형태로 하루 3만여 개의 기사가 분류되고 선별되어 20~30명의 노동자들에게 제공된다(≪기자협회보≫, 2016.5.14). 뉴스 편집 노동이 미디어 산업에서 새로운 직종임은 분명하지만, 이들은 자신의 노동이 인터넷 뉴스를 취재, 제작, 퍼블리싱하는 플랫폼 외부의 노동에 어떤 영향을 끼치는지 알기 어렵다. 설령 파악이 가능하다고 해도 이는 또 다른 데이터 결과물일 뿐이다.

2) 플랫폼을 통한 노동

플랫폼을 통한 노동의 한 사례로 포털 뉴스 서비스나 페이스북에서 공유가 잘되는 기사를 작성하고 노출하는 작업을 들 수 있다. 포털 사이트의 '실시간 검색어'나 '검색어 최적화'를 위한 어뷰징, 또는 기사 작성 과정의 폐해는 이미 잘 알려져 있다.[4] 알고리즘에 의해 이용자들의 접근과 클릭, 체류를 파악해 제공되는 정보(실시간 검색어, 기사 노출 순서 등)는 앞서 페이스북의 트렌딩 토픽이 보여주듯 사람의 개입이 전무한 것은 결코 아니다. 플랫폼을 위한 노동을 통해 제공되는 뉴스 기사들은 또다시 미디어 플랫폼을 통해 이용자들의 접근과 공유로 데이터와 정보를 만들어내며 이 자체로 (디지털팀) 기자들에게 노동의 대상이 된다. 어뷰징의 사례가 보여주듯, 이러한 기사 작성의 노동은 플랫폼에 종속된 노동이자, 그 평가 또한 플랫폼에 의해 이루어진다. 플랫폼 담론은 여기에서도 효과를 발휘한다. 알고리즘이라는 기술적 중립성은 저널리즘에서 양적 균형, 기계적 공정성이라는 오래된 '사실(fact) 전달의 저널리즘' 패러다임을 지속시킨다. 페이스북을 통해 공유되는 기사나 카드뉴스 또한 다르지 않다.

포털 뉴스 서비스나 소셜 미디어 플랫폼은 뉴스의 이용 양상에 큰 변화를 가져오고 있다. 플랫폼이 미치는 가장 큰 영향은 노동보다 공동체 커뮤니케이션의 양식에서 나타난다. 공간상에 서로 분리되어 있는 각 '공동체 안에서 그 바깥으로' 뉴스를 전달했던 양식이 이제는 '공동체 바깥에서 안으로' 소식을 유입하는 양식으로 바뀐 것이다.[5] 17세기 중반 초창기 신문들은 해당 지역의 소식이 아닌 외지와

---

4 특히 어뷰징의 과정과 노동환경에 대해서는 슬로우뉴스의 기획 '어뷰징 필드'를 참조.

5 아래의 뉴스 커뮤니케이션 변화 양식은 미첼 스티븐스(Mitchell Stephens), 『비욘드 뉴스: 지혜의 저널리즘』, 김익현 옮김(커뮤니케이션북스, 2015)를 참조하고 대중 커뮤니케이션 양식의 변화는 John Durham Peters, "Mass Media," W.

외국의 소식을 주로 다루었다. 신문사가 위치한 지역 공동체에서 사실에 근거한 소식은 취재 및 제작, 인쇄, 배포의 과정보다 대인 커뮤니케이션인 '입소문'으로 퍼져나가는 속도가 더 빨랐기 때문이다. 그러나 산업혁명이 확산되면서 대도시라는 공간의 확장은 도시 공동체 내부 소식이 입소문만으로 전파되기 힘들게 만들었다. 공동체 내부의 사건에 대해 논평과 주장만을 실었던 신문들은 비로소 내부의 사건을 직접 전파했고 다른 공동체와의 커뮤니케이션을 위한 매체로 기능할 수 있었다. 물론 여기에는 산업혁명으로 발생한 대도시 내부의 소자본 경쟁, 그리고 여기에 동반된 소비재 광고 수요가 증가한 배경을 간과할 수 없다.

오늘날 포털 뉴스 서비스나 소셜 미디어를 통한 뉴스의 유통은 전혀 다른 공동체의 형태와 오래된 커뮤니케이션 양식을 확장시켰다. 지리적 공간으로 한정되었던 공동체는 페이스북, 트위터, 포털 사이트의 댓글과 같이 미디어 플랫폼을 기반으로 구축된다. 성별과 연령에 따라 뉴스 노출을 달리하는 초보적인 포털 뉴스 서비스에서, 이용자 개인마다 서로 다른 뉴스피드를 갖고 있는 페이스북까지, 알고리즘이 구성하고 조정하는 이용자 공동체가 플랫폼을 통해 구축된 것이다. 기존의 공동체 경계를 허물고 만들어진 새로운 공동체 시공간에서는 17세기 초와 같이 기존 신문과 방송보다 더 빠르게 소식과

J. T. Mitchell and Mark B. N. Hansen(eds.), *Critical Terms for Media Studies* (Chicago: the University of Chicago Press, 2010)를 참조.

의견이 전파되고 공유된다. 물론 이 전파와 공유는 미디어 플랫폼을 경유하는 대인 커뮤니케이션(대화형 커뮤니케이션)의 양식을 취한다. 따라서 뉴스를 생산하는 언론사들은 특정 플랫폼 공동체의 구성원에 머물 수 없고, 복수의 미디어 플랫폼을 대상으로 수요 측 규모의 경제를 위한 '중립적'이고 '공정한' 뉴스의 제공에 몰두하게 된다.

담론으로서의 플랫폼은 여기서도 결정적인 효과를 발휘한다. 이용자들 스스로의 활동으로 누적된 데이터가 그들이 활동할 디지털 공동체, 즉 플랫폼 공동체를 만든다. 부단히 반복되는 알고리즘의 수정과 같은 플랫폼의 유지·보수가 '플랫폼을 위한 노동'에 의해 만들어진다는 사실보다 '이용자 스스로의 활동'으로 구축된다는 환상이 유포된다. 포털 뉴스 서비스의 실시간 검색어, 2015년 9월 국내 포털 뉴스서비스의 공정성 논란에 대한 포털 측의 대응을 떠올려보자. 검색어와 뉴스 노출에 편향이 있다면, 그것은 알고리즘을 통해 이용자 집단의 뉴스 소비에 맞추어진 노출이라는 주장이었다. 이렇듯 개방, 중립, 평등, 진보라는 플랫폼 담론은 플랫폼을 위한 노동을 은폐하며 테크놀로지 중립성만을 알리바이로 내세운다.

미디어 플랫폼을 대상으로 하는 언론사들은 이용자(독자) 공동체로부터 플랫폼의 기술적 알리바이를 통해 분리되며 이용자들의 활동으로 구축된 데이터를 비대칭적으로 제공받는다. 따라서 언론사 내 노동자들은 플랫폼 공동체 밖에서 그 안으로 유입되고 공유될 가능성이 높은 콘텐츠(기사)만을 대량으로 생산하게 된다. 공급자와 수요자 간의 비대칭 정보 흐름은 미디어 플랫폼만의 특징이 아니다.

숙소의 예약, 운영, 위치 및 이용 정보 제공 등의 수준에 따라 순위를 매기는 랭킹 알고리즘이나 실시간으로 상호 커뮤니케이션을 할 수 없는 숙소 제공자들(호스트)의 약점을 노린 가격 결정 알고리즘을 운영하는 에어비앤비 또한 정보의 비대칭으로 수익을 내고 있다(이성규, 2017.5.21). 우버 또한 다르지 않다. 기사들에게 승객이 많은 곳과 할증 요금(surge pricing)의 적용 여부를 알려주는 우버의 시스템은 이윤 확대와 기사들의 경쟁을 부추기는 노동 통제 기구라는 주장이 여러 차례 제기되어왔다(Rosenblat and Stark, 2015). 우버는 이 소프트웨어가 알고리즘에 의해 작동하며 고객들의 정보만 알려주는 기능을 하고, 결정은 우버 기사들이 내린다고 말한다. 자신들은 정보 소프트웨어만을 제공하는 소프트웨어 플랫폼, 혹은 기술적 플랫폼일 뿐, 우버 기사야말로 노동 통제권을 가진 도급업자라는 것이다.

플랫폼의 알고리즘을 내세운 '매개'의 기능은 이용자와 공급자 모두에게 비대칭 정보를 제공할 뿐 아니라, 그렇게 제공된 제한된 데이터를 통해 서로 간의 분리를 더욱 강화한다.[6] 몇 년 동안 지속되었

---

6 인터넷 언론사에서 어뷰징 업무를 담당했던 한 경력직의 다음 발언은 데이터로 분리된 독자와 기자 간 간극을 잘 보여준다. "나는 하루의 1/3을 포털을 들여다보는 데 썼다. 정치나 경제, 사회 분야에서 중요한 일이 터질 때조차 그와 관련된 검색어는 5위권 안에 진입하는 일이 드물다. 오룡호 침몰이 그랬다. 사조산업이 6위까지 올라가는 것을 봤지만 그때 1위는 두 연예인의 결혼 소식이었고 나머지도 전부 연예 소식 관련 검색어였다. 세월호 사건 당시 네티즌에게 60명의 목숨은 연예인 두 명의 결혼만도 못했다. 사람들은 정말 중요한 이야기보다 가십에 관심이 많다. 어뷰징이 가십을 등불 삼아 그나마 연명이라도 가능한 근

던 국내 언론사의 '디지털 퍼스트'(Digital First)를 돌아보자. 어뷰징 뿐 아니라 인터넷 온라인에서는 네이버와 다음이라는 포털 사이트가, 모바일에서는 구글이라는 글로벌 사업자가 알고리즘을 통해 뉴스의 노출과 빈도를 결정한다. 기자들은 독자와 사회적 맥락을 보며 기사를 쓰는 것이 아니라 알고리즘이라는 시스템의 형식논리학에 종속되고 있다. 앞으로 더욱 늘어날 인터넷 뉴스 소비에서 독자들은 알고 싶은 정보와 의견이 아니라 포털이 제공하는 실시간 검색어 순위와 검색엔진의 알고리즘이 제시하는 관련 뉴스의 노출 순위를 판단 기준으로 삼을지 모른다. 포털과 검색엔진에 기초한 미디어 플랫폼은 철저히 기술 중립성으로 무장한 인공지능(AI)으로 진화하고, 여기에 종속되어 기사를 작성할 미래의 기자들은 지금과는 전혀 다른 숙련과 경험을 쌓게 될 것이다.

5. 결론: 미디어 플랫폼과 시초 축적

미디어 플랫폼을 새로운 형태의 노동과정이자 자본의 통제로 본다면 간과할 수 없는 것이 있다. 페이스북의 트렌딩 토픽 담당 부서, 하루 수십 건의 어뷰징 기사 작성, 최저 임금에도 못 미치는 메커니

본적인 이유이기도 하다." 도도, "어뷰징 필드: 트래픽 순위가 언론사에 미치는 영향", ≪슬로우뉴스≫, 2015년 10월 16일 자.

컬 터크의 노동자들, 도급업자라는 이름으로 정당한 노동권을 보장 받지 못하는 기사들 모두 결코 자발적으로 이 노동시장에 진입한 것 은 아니라는 점이다. 이들이 정말 고액의 연봉과 경력 그리고 디지 털 혁신에 매혹되어 일하게 되었다고 판단한다면, 이는 또 다른 테 크놀로지 물신성의 반영일 뿐이다.

미디어 플랫폼을 통한 노동의 연구와 분석은 미디어 정치경제학 의 또 다른 확장을 요구하고 있다. 위에서 논의한 것처럼 미디어 플 랫폼을 위한 노동, 플랫폼을 통한 노동은 과거와 같으면서도 다른 형태의 고용관계와 노동조건에서 부단한 노동력의 재생산을 수행하 고 있다. 도급업자와 노동자의 사이에 있는 우버 기사, 미디어 플랫 폼을 통해 제공되는 방대한 데이터를 다루어야 하는 큐레이터, 포털 과 소셜 미디어에 종속되어 노동해야 하는 새로운 유형의 기자들 모 두 삶정치적 노동이 플랫폼을 통해 확장되면서 구성 중인 노동계급 이다. 이 글에서 우버, 에어비앤비와 같은 새로운 플랫폼 서비스 유 형이나 대안적 플랫폼 운동이 아닌 저널리즘을 수행하는 미디어 플 랫폼을 다룬 것은 삶정치적 노동이 이전 시기의 다양한 노동형태와 오래된 노동형상들에 어떤 영향을 미치는지 검토하기 위해서였다.

페이스북의 트렌딩 토픽, 포털 사이트의 뉴스 알고리즘과 실시간 검색어 등은 기존의 저널리즘을 수행해온 노동형태들과는 다른 고 용 및 노동 조건을 만들어냈다. '디지털 퍼스트'를 구호로 세계 도처 에서 수행되고 있는 미디어 플랫폼 구축, 또는 플랫폼으로의 '종속' 은 플랫폼 담론의 효과로 볼 수 있다. 종이 신문의 수익성이 갈수록 떨어지고, 이용자들의 주목이 미디어 플랫폼으로 이행하자 이곳의 이용자 공동체는 새로운 수익원으로 부상했다. ≪뉴욕타임스(New York Times)≫의 혁신 보고서를 시작으로 현재 선진자본주의 국가와 한국에서 얼마나 많은 '혁신 보고서'들이 나왔는지 가늠하기 힘들다. 그러나 혁신을 내세운 미디어 플랫폼으로의 진입은 여전히 낮은 수익성으로 불확실한 미래의 도박이 되고 있다. 요컨대 담론으로서의 플랫폼이 갖는 효과는 분명했지만, 자본으로서의 플랫폼이 재생산될 보장은 어디에도 없는 과도기인 셈이다.

이런 과정에서 미디어 플랫폼 노동자들이 겪고 있는 노동 유연화와 불완전 고용은 단순히 수익성이 없는 미디어 플랫폼 자본의 탓으로 돌릴 수는 없다. 예컨대 "왜 실업자와 청년들이 이런 플랫폼으로 진입할 수밖에 없는가"라는 물음은 던져야 한다. 1930년대 이후 최악의 고용 상황에 직면한 미국에서 플랫폼 노동은 앞서 언급했듯, 실업난을 해결할 새로운 비즈니스 모델이나 경제 모델로 여겨졌다. 그러나 이 부문에 진입한 노동자들은 2008년 이후 심화된 가계부채와 학자금 부채에 떠밀려온 이들이기도 하다. 급증한 등록금으로 학자금 대출을 받은 대학생들이 졸업 후 상환을 위해 최저임금에도 못 미치는 플랫폼 노동에 뛰어드는 경우는 부지기수다. 요컨대 청년 부채가 "미래 노동에 대한 자본의 선취"이자 "기한부 노예계약"이라면, 플랫폼 노동은 부채가 강요한 노동이지 자유롭고 창의적인 노동이 결코 아닌 것이다(로스, 2016). 앞서 언급했던 페이스북 트렌딩 토픽의 큐레이터가 기고문의 말미에 꺼낸 말은 그래서 의미심장하다. 최악의 노동조건이었지만 나쁘지 않은 급여만 바라보며 버틴 이유는 하나였다. "다른 사람이 보기에 페이스북에서 일했다는 것은 좋은 인상을 주기 때문"이었다. 이런 노동은 경력을 위한 노동(working for exposure)으로 사실상의 무상 노동에 가깝다.

따라서 플랫폼 노동의 불안정성은 새로운 자본축적 체제의 도래가 아닌, 위기에 처한 자본이 시도하는 계급 구성의 전략으로 보아야 한다. 수익성의 위기로 미디어 플랫폼을 행한 러시(rush)가 진행 중인 미디어 산업이 대표적인 예증이다. 삶정치 노동계급, 즉 다중의 구성은 산업노동이라는 오래된 노동형상에 대한 위협이자 노동계급으로 구분하지 않았던 산업예비군(장기 실업자, 경력단절자, 청년 채무자 등)을 활용한 현재 진행형의 시초 축적(primitive accumulation)인 셈이다. 플랫폼 경제의 다양한 노동형태들에서 서로의 차이를 넘어선 공통된 것을 찾기 위한 시도란 알고리즘과 데이터의 중립성을 넘어설 때 가능하다. 도처에 잔존한 산업노동의 형상들을 파괴 중인 플랫폼 담론과 자신들의 위기를 비즈니스 모델의 새로움으로 포장하려는 플랫폼 자본에 맞서 노동의 범주는 더 확장되고 갱신되어야 한다.

참고문헌

≪기자협회보≫. 2016.5.4. "누구도 모르는, 오로지 포털만 아는 뉴스 편집".

김동원. 2015. 「이용자를 통한 미디어 자본의 가치 창출」. ≪한국언론정보학보≫, 통권 70호.

네그리, 안토니오(Antonio Negri). 2012. 『지배와 사보타지』. 윤수종 옮김. 중원문화.

네그리, 안토니오·하트, 마이클(Michael Hardt). 2008. 『다중: 「제국」이 지배하는 시대의 전쟁과 민주주의』. 조정환 옮김. 세종서적.

_____. 2014. 『공통체: 자본과 국가 너머의 세상』. 정남영·윤영광 옮김. 사월의책.

달라 꼬스따, 마리아로사(Mariarosa Dalla Costa). 2014. 「발전과 재생산」. 『탈정치의 정치학: 비판과 전복을 넘어 주체성의 구성으로』. 김의연 옮김. 갈무리.

로스, 앤드루(Andrew Ross). 2016. 『크레디토크라시: 부채의 지배와 부채 거부』. 김의연·김동원·이유진 옮김. 갈무리.

본펠드, 워너(Werner Bonefeld) 외. 2014. 『탈정치의 정치학: 비판과 전복을 넘어 주체성의 구성으로』. 김의연 옮김. 갈무리.

브린욜프슨, 에릭(Erik Brynjolfsson)·맥아피, 앤드루(Andrew McAfee). 2014. 『제2의 기계시대: 인간과 기계의 공생이 시작된다』. 이한음 옮김. 청림출판.

슈밥, 클라우스(Klaus Schwab). 2016. 『클라우스 슈밥의 제4차 산업혁명』. 송경진 옮김. 새로운현재.

이성규. 2017.5.21. "플랫폼의 독점 강화와 언론사 수익모델의 위기". http://withstories.com/user:10/408/

카펜치스, 조지(George Caffentzis). 2014. 「노동의 종말인가, 노예제의 부활인가? 리프킨과 네그리 비판」. 『탈정치의 정치학』. 김의연 옮김. 갈무리.

Anonymous. 2016.5.17. "I Worked on Facebook's Trending team- the most toxic work experience of my life," Guardian.

Ballon, P. and Heesvele, E. 2011. "ICT Platforms and regulatory concerns in Europe." *Telecommunication Policy 35.*

Bergvall-Kåreborn, B. and Howcroft D. 2014. "Amazon Mechanical Turk and the commodification of labour." *New Technology, Work and Employment*, 29(30).

CNet. 2016.10.28. "UK court rules Uber drivers are employees, not contractor."

Davies, W. 2015. *The Happiness Industry: How the Government and Big Business Sold Us Well-Being.* London: Verso.

Farrell, D. and F. Greig. 2016. "Paychecks, Paydays, and the Online Platform Economy: Big Data on Income Volatility." *JPMorgan Chase & Co. Institute.*

Fuchs, C. 2014. *Digital Labor and Karl Marx.* NY: Routledge.

Fuchs, C. and Sevignani, S. 2013. "What is Digital Labor? What is Digital Work, What's Their Different? And Why Do These Questions Matter For Understanding Social Media?" *tripleC*, 11(2).

Gillespie, T. 2010. "The Politics of 'Platforms." New Media & Society 12(3).

Griswold, A. 2014.10.21. "In Search of Uber's Unicorn." Inc.

Lowey, A. 2015.5.16. "How One Woman Could Destroy Uber's Business Model - and Take the Entire 'On-Demand' Economy Down With It." *Daily Intelligencer.*

NPR. 2015.6.17. The Two-Way: Breaking News from NPR, "California Labor Commision Rules Uber Driver Is An Employee, Not A Contractor".

Rosenbalt, A. and Stark. L. 2015.10.15 "Uber's Drivers: Information Asymmetries and Control in Dynamic Work." Data & Society Research Institute. https://datasociety.net/output/ubers-drivers-information-asymmetries-and-control-in-dynamic-work/

Rosenblat, A. and L. Stark. 2015. "Uber's Drivers: Information Asymmetries and Control in Dynamic Work." Data & Society Draft.

Scholz. T(ed.). 2013. *Digital Labor: The Internet as Playground and Factory.* NY: Routledge.

Schumpeter. 2015.9.12. "Digital Taylorism." *The Economist.* http://www.
    economist.com/news/business/21664190-modern-version-scientific-manage
    ment-threatens-dehumanise-workplace-digital.

Spencer, David. 2016. "Work in and beyond the Second Machine Age: the
    politics of production and digital technologies." *Work, employment and
    society.*

Van Alstyne, Marshall W. et al. 2016. "Pipelines, Platforms, and the New Rules
    of Strategy." *Harvard Business Review.*

Vara, V. 2016.5.11. "Why Do We Care If Facebook is Biased?" *The New Yorker.*

제3부

데이터 사회의 새로운 기회들

New Opportunities in Datafied Society

6장

데이터 활용,
어떻게 할 것인가?

김기환

1. 들어가며

최근 들어 데이터는 양적인 대용량화와 질적인 변화를 겪으면서 중요성을 더해가고 있다. 데이터의 혁명이나 21세기의 원유와 같은 긍정적인 비유에서부터 정보 비만과 같이 부정적인 표현에 이르기까지, 과거에 존재하지 않았던 대용량의 데이터가 수집되고 유통될 뿐 아니라 분석의 결과가 다양한 용도로 사용된다. 이러한 이른바 디지털 혁명은 저장 매체의 대용량화, 저장 비용의 절감, 데이터 수집 및 저장 기기의 소형화와 보편화된 소유 행태 등 양적인 대용량화에 기여하는 요인들이 작용한 결과이다. 이와 함께 인간 생활의 다양한 측면을 나타내는 정보들이 의식적으로 혹은 무의식적으로 생산·유통·기록·저장되면서 정형화된 자료뿐 아니라 사진, 음악, 동영상, 위치 정보 등 정형화되지 않은 자료까지 데이터로 축적된다. 양적인 측면에서의 대용량화는 질적인 변화를 견인하게 되는데,

과거와는 다른 대규모의 데이터는 데이터의 포괄성 및 대표성, 그리고 보다 정확한 분석결과와 예측력 등을 가져올 수 있다는 것이다.[1]

의식적이든 무의식적이든 수집·생성된 데이터가 활용을 통해 과거에 존재하지 않았던 새로운 가치를 창출하고 그로 인해 조직이 발전하고 인간 삶의 질이 향상된다면 데이터를 소극적으로 보호하기보다 적극적으로 활용할 필요성이 있다. 공공과 민간의 모든 영역에서 데이터의 효과적 활용으로 인한 여러 성공 사례는 데이터를 보호의 대상으로 머무르게 하지 말고 분석과 활용으로 인식하도록 요구한다. 다른 한편으로, 활용되는 데이터의 규모가 클수록 활용 과정에서 개인정보의 유출이나 프라이버시 침해와 같은 부작용 또는 데이터 분석의 오류[2] 등의 문제점이 심각하게 발생할 수 있는데, 이와 같은 활용으로 인한 부작용 역시 활용으로 인한 긍정적 가치만큼이나 우리 삶에 큰 영향을 미친다. 부주의한 활용으로 인해서 초래되는 피해의 규모가 커질수록 데이터는 세심하게 보호되어야 한다는 주장이 힘을 얻게 된다.

이렇듯 활용과 보호가 야기하는 산출물이 보여주는 극단적 양면

---

1 이에 대해 제기되는 반론에 의하면, 빅데이터라고 해서 전수조사가 갖는 데이터의 포괄성과 완전한 대표성을 갖는 것은 아니다. 예를 들어 트위터 자료는 대규모 데이터임에도 불구하고 트위터 사용자에 국한되므로 대표성을 완벽하게 갖고 있다고 볼 수 없다. 또한 빅데이터의 분석상의 오류와 예측의 실패 가능성 역시 상존하고 있다(한신갑, 2015).

2 실제로는 아무 관련이 없는 현상들 사이에 잘못된 연관성을 부여하는 오류를 포함한다.

성으로 인해 이 분야에 대한 이론적인 연구 또는 실제적 방안들도 둘 중 어느 한 쪽으로 치우치게 된다. 즉, 데이터 활용 또는 보호에 대한 앞선 연구들은 양자의 밀접한 상관성에도 불구하고 단편적이고 개별적인 수준에 머물고 있어 양자를 동시에 추구하는 균형적인 시각에서 관련 이슈를 진단하고 대안을 제시한 연구는 드문 편이다. 예를 들어 데이터 활용을 주장하는 입장에서는 활용이 가져다주는 장밋빛 기대효과를 강조하면서 축적된 데이터의 적극적인 활용이 우리 삶에 큰 혜택을 미칠 것이라고 하는 반면에, 데이터가 안전하게 보호되어야 한다고 주장하는 측에서는 데이터를 안전하지 못한 방법으로 다룬 결과 초래되는 끔찍한 사건들을 강조하면서 보호를 위한 엄격한 규제가 필요하다고 역설한다.

이러한 극단적인 주장은 데이터의 활용과 보호를 균형적 시각에서 보면서 대안을 제시하는 데에 걸림돌로 작용한다. 특히 데이터의 종류와 형태 그리고 그에 따른 활용과 보호의 맥락성을 충분히 고려하지 않은 상황에서 단순한 데이터의 활용 효과를 제시하거나, 또는 데이터 유출과 같은 사태가 초래하는 심각성의 내용, 또는 데이터 보호를 위한 제도적 장치의 소개 등은 데이터의 활용과 보호 중 어느 한 측면만을 논의의 대상으로 하는 바람에 다른 한 측면이 경시될 가능성이 있다. 활용과 보호 중 어느 하나에 초점을 두어 분석하게 되면 결국 활용과 보호는 상생관계가 아닌 상쇄관계로 파악될 수밖에 없으며, 이는 안전한 활용을 위한 대안을 제시하는 데에 걸림돌로 작용한다.

이 글은 최근에 급속도로 증가하는 데이터 활용의 필요성을 언급하고, 활용과 보호가 충돌하는 원인을 여러 시각에서 분석한 후 양자의 균형적 관점에서 안전하고 편리한 활용을 위한 방안, 관련 제도나 정책 등에 대해 생각해보고자 한다. 또한 데이터의 수집 방법, 종류와 성격 그리고 사용 용도 등을 고려한 활용 방안을 모색한다.

2. 활용과 보호: 갈등 또는 조화와 관련해 무엇이 문제인가?

활용과 보호의 대상으로서의 데이터는 흔히 생성 또는 보유 주체와 객체 등을 기준으로 공공데이터와 개인데이터로 구분한다. 공공데이터는 데이터베이스, 전자화된 파일 등 공공기관이 법령 등에서 정하는 목적을 위하여 생성 또는 취득해 관리하고 있는 광 또는 전자적 방식으로 처리된 자료 또는 정보를 말한다.[3] 즉, 공공기관이 일상적으로 수행하는 업무의 결과로써 생성되고 수집되고 취득한 다양한 행태의 모든 자료 또는 정보를 의미하는데(안전행정부, 2014), 이에는 일반적으로 텍스트, 수치, 이미지, 동영상, 오디오 등 다양한 형태의 대상물이 포함된다. 한편, 개인데이터와 관련해 한국은 개인데이터보다는 개인정보라는 개념을 일반적으로 사용하고 있는데, 개

---

3 '공공데이터의 제공 및 이용활성화에 관한 법률'(이하 공공데이터법) 제2조.

인정보란 '살아 있는 개인에 관한 정보로서 성명, 주민등록번호 및 영상 등을 통하여 개인을 알아볼 수 있는 정보 그리고 다른 정보와 결합하여 개인을 알아볼 수 있는 정보'를 의미한다.[4] 다른 법률에서도 '당해 개인을 직접적으로 식별하거나 다른 정보와 조합하여 간접적으로 식별할 수 있는 모든 정보'로 규정하고 있다.[5] 이렇듯 한국은 개인정보 또는 개인데이터를 직·간접적인 방법으로 특정인을 식별할 수 있는 정보라고 지칭한다.

데이터 특히 개인데이터의 활용 과정에서 활용과 보호 이슈가 상호 충돌하는 원인은 데이터의 소유권과 관련이 있다. 누가 개인데이터를 소유하는 권리를 갖는가에 대한 논쟁은 복잡한 양상을 띠면서 여러 집단 간 데이터의 사용과 관련한 갈등의 소지를 발생시키기 때문이다. 데이터의 소유권과 관련해서는 서로 양립하는 두 주장이 존재하는데, 하나는 데이터의 일부 또는 전부가 어느 개인에 '관한' 것이라면 그 개인이 해당 데이터의 사용에 통제권을 가진다는 것이다. 반면 다른 한 쪽의 주장에 의하면 데이터를 수집하고 생성한 집단이 그 데이터의 소유권을 가지며, 그에 따라 활용상의 재량권을 갖는다는 것이다. 후자를 주장하는 측에서는 데이터를 투자의 대상이 되는 자산으로 인식하며 투자의 결과 이윤을 극대화하기 위해 데이터를 활용하는 것을 당연한 권리로 인식한다. 전자의 입장에서는 데이터

---

4   개인정보보호법 제2조.
5   '정보통신망 이용촉진 및 정보보호에 관한 법률'.

의 내용이 되는 주체의 동의 없이 그 주체에 대한 데이터가 활용되는 것을 프라이버시의 침해라고 볼 수 있는 반면, 후자의 주장은 개인데이터를 수집한 민간기업이 그 데이터를 마케팅에 활용해 이윤을 추구하는 기업 행위를 하는 것을 정당화한다. 이 두 입장이 서로 부딪히는 경우 데이터의 활용 과정에서 수많은 갈등과 다툼이 발생할 수밖에 없으며, 그 해결책을 모색하는 것은 쉽지 않다.

이러한 양 극단의 입장과는 다른 시각에 의하면, 개인데이터가 비록 개인에 관한 것이라고는 하지만 그것은 다수의 개인이나 집단 간의 상호작용을 통해 만들어진 것이다. 이 시각은 앞에서 살펴본 대립되는 두 이론에서 데이터 권한을 가지는 두 집단 간의 관계에 주목한다. 따라서 관련된 개인이나 집단은 해당 데이터에 대해 정당한 권리와 책임을 가지며, 그러한 권리를 행사하는 데에 차별적인 승인이 필요하다는 것이다. 일반적으로 이러한 권리는 상호 배타적이라기보다는 관련 집단들이 서로 공유하게 되는데, 이 권리의 공유성이야말로 데이터의 활용 과정에서 갈등과 충돌이 일어나는 원인을 제공한다. 이렇게 본다면 누가 데이터를 소유하는가는 위에서 언급한 양 극단이 주장하는 양자택일의 문제가 아니라 사회적 맥락과 상호작용에 따라 결정될 수 있는 이슈이므로 데이터에 대한 어느 한 집단이 배타적인 권리만을 주장할 수 없는 대상인 것이다. 이러한 상황에서는 어떤 개인이나 조직이 개인데이터를 '소유'할 수는 있지만, 그것에 대한 완전한 통제권을 갖지 못할 수도 있다. 예를 들어 민간기업이 자신이 생성하고 만든 데이터를 소유할 수는 있지만, 그 데이터가 특정 개인에 관한 것인 경우, 그 데이터에 대한 완전한 소유권을 갖지 못할 수도 있다. 즉, 다양한 집단이나 개인은 데이터로부터 가치를 추출하고 창출하는 다양한 시점에서 각자 다른 형태와 비중으로 기여하는 것이다.

이와 아울러 개인데이터의 소유성이 복잡한 또 다른 이유는 데이터의 디지털적 속성으로 인해서 다른 물리적인 물질과는 달리 누구든지 데이터의 복사본을 소유할 수 있으며 그것을 여러 사람이 나누어 가지고 사용할 수 있는 것이다. 이러한 데이터의 성격은 재화의 비경합적 속성으로 설명된다. 비경합성은 한 사람의 소비가 다른 사람의 소비에 의한 효용에 영향을 미치지 않는 성격을 일컫는다. 이 비경합적 속성은 일반적인 경제재와 달리 소유와 통제와 관련한 이슈를 보다 더 복잡하게 만든다. 즉, 일반적 경제재는 그 재화의 경합성으로 인해 수요자 또는 사용자 간의 갈등이 일어나는 반면, 비경합적 성격을 띠는 데이터는 소유 및 사용의 배타성(공공재 속성으로서의 배제성이 아닌)이 결여되어 데이터에 대한 사용권이 공유됨으로써 오히려 갈등을 유발하게 된다.

이러한 갈등을 해결하기 위해서는 데이터의 활용 과정에서 누가 어떤 권리와 책임을 다해야 하며, 사용을 위해서는 어떤 승인을 거쳐야 하는지 등에 대한 논의가 필요한데, 이에 대해서는 다양한 시각과 접근법이 존재한다. 첫 번째는 법령에 근거한 규칙에 의해서 데이터 활용 과정에 참여하는 이해관계자들의 권리와 책임을 엄격하게 규정하는 것이다. 예를 들어 새로 제정된 유럽의 데이터보호규정은 데이터 주체에게 자신의 데이터를 삭제할 권리를 부여함으로써 개인의 잊혀질 권리를 강화하고, 반면에 조직은 개인데이터를 다루는 과정에서 개인정보의 유출이나 프라이버시 침해 사실을 당사자에게 즉각적으로 통지하고 개인데이터 수집 과정에서 엄격한 사전 동의 절차를 따르게 하는 등의 책임을 다하는 것이다. 이러한 접근은 결국 데이터의 주체들에게 보다 강한 권리와 통제권을 부여해 행사하도록 하는 결과를 낳게 되며, 기업과 같은 다른 이해관계자들은 데이터 활용 과정에서 보다 강화된 책임 규정을 따르게 된다.

하지만, 복잡하고 빠른 속도로 변화하는 디지털 사회는 이러한 전통적인 접근법의 유용성에 다음과 같은 의문을 제기한다. 첫째, 법규에 근거한 접근법이 다양한 형태의 개인데이터가 활용되는 상황에서 모든 경우에 적합한 권리와 책임을 규율할 수 있으며, 더 나아가 현재보다 더욱 다양한 형태의 데이터가 복잡하게 활용되는 미래에 과연 그 유용성을 인정받을 수 있느냐의 문제이다. 법규에 근거한 규제지향적 접근법은 다양한 상황과 맥락을 신축적으로 고려하기에는 한계가 있는데, 이는 경우의 다양성에도 불구하고 비교적 획일적인 규제의 잣대를 적용해 통제하기 때문이다. 둘째는 전통적인 접근 방식이 초래할 상당한 정도의 규제 비용과, 엄격한 규제로 인한 혁신에의 부작용 문제 등이 제기된다. 즉, 일반적으로 통제지향적인 규제 수단은 집행 과정에서 많은 비용을 초래해 규제의 비효율성을 낳으며, 이러한 엄격한 규제는 데이터의 활용이 가져다주는 시장에서의 창조적인 혁신에 걸림돌로 작용할 수 있다.

법규에 기반을 둔 접근법과는 달리 데이터 활용에 관한 권리와 책임에 유연하게 접근하는 두 번째 시각은 활용의 맥락(context)을 중시한다. 맥락을 고려하는 접근은 아래에서 상술하는 데이터의 수집 방법이나 통로, 데이터의 종류와 성격 그리고 데이터의 활용 용도 등을 종합적으로 고려해 활용 과정에서의 이해관계자들의 권한과 책임을 결정하는 것을 의미한다.

첫째, 개인데이터의 수집 방법에 관한 것이다. 일반적으로 개인데이터는 자발적 데이터, 관찰적 데이터 그리고 추론적 데이터로 구분되는데(WEF, 2011), 자발적 데이터(volunteered data)는 개인이 직접 생성하고 강한 소유권과 통제권을 가지는 데이터로서, 사회관계망서비스에 개인들이 올리는 각종 글이나 사진 등이 대표적인 예다. 개인들은 기업의 서비스나 프라이버시 정책을 통해 개인데이터의 사용에 동의하게 되는데, 이 과정에서 소유와 사용 간의 갈등이 야기되기도 한다. 흔히 개인들은 이러한 정책을 자세하게 읽지 않기 때문이다. 관찰적 데이터(observed data)는 개인과 조직 간의 상호작용에 의해 수집되는 데이터로서 휴대전화 이용을 통한 위치정보데이터, 신용카드 거래 정보, 상품 구매 정보, 정부에서 설치한 CCTV에 의한 개인데이터 등을 포함한다. 관찰적 데이터는 자발적 데이터와 달리 소유와 통제권이 데이터를 수집한 집단이나 조직으로 넘어가며, 개인은 경우에 따라서 데이터의 존재조차도 인식하지 못할 수 있다. 하지만 개인들이 이 데이터의 존재와 내용에 대해 인식할수록 그것에 대한 통제권을 점차 강하게 주장하게 될 것이다. 마지막으로 추론적 데이터(inferred data)는 위의 두 유형의 데이터를 분석해 도출된 결과로서, 개인의 취향이나 정치적 성향, 소비행태 또는 신용의 정도 등이 이에 속한다. 따라서 분석의 주체로서의 기업은 추론적 데이터를 자신들의 소유물로 주장한다. 반면, 데이터가 도출되는 과정이 개인의 직접적인 활동으로부터 멀어지면서 데이터가 여전히 개인들에 관한 것임에도 불구하고 그들의 소유권은 자연히 약화될 수밖에 없다.

둘째, 데이터의 종류와 성격과 관련해, 개인들은 의료나 건강, 재정 등에 관한 데이터와 같이 상대적으로 사적인 성격을 더 많이 갖는 데이터의 경우 보호와 활용에 더 민감하게 반응한다. 따라서 데이터의 사용 권한이 적절하게 보호받지 못하는 경우 데이터의 주체인 개인들은 심한 반발을 제기하며 그 과정에서 갈등을 초래한다. 하지만 이 갈등 상황은 국가마다 다른 모습을 보이는데, 미국의 경우 소비자들은 자신들의 재정에 관한 데이터에 대해 매우 민감하게 반응하는 데에 반해서, 북유럽의 국가에서는 공무원의 봉급과 같은 개인의 재정 상황이 시민에게 공개되기도 한다. 따라서 이러한 데이터의 종류와 성격은 이해관계자들 간의 데이터 권리와 책임에 관한 균형점을 모색하는 데에 중요한 요소로 작용하며, 그러한 균형은 또한 여러 상황이나 맥락(예를 들어 국가)에 따라 달라지기도 한다. 이러한 요인들을 고려해 데이터 활용에 관한 신축적인 접근을 한다면, 데이터의 유형이나 종류를 고려하고, 데이터의 수집 방법을 반영한 소유 및 통제 이슈를 동시에 검토한 후 이해관계자들 간 데이터의 권한과 책임에 관한 균형을 유지하게 될 것이다. 이 시각에 의하면 어떤 기업이 단순히 자신들의 노력만으로 기존에 존재했던 개인데이터를 분석했다고 해서 그 데이터의 주체인 개인들의 이해와 반하는 방향으로 사용하는 것을 정당화할 수 없을 것이다.

셋째는 개인데이터의 사용 용도에 관한 것이다. 활용에 관한 권리와 책임을 결정하는 맥락적 접근을 위해서는 데이터 자체 이외에도 그 데이터가 어떤 용도로 사용되는지에 대해서도 관심을 가져야 한다는 것이다. 예를 들어 휴대전화 통신사업자는 사용자의 위치추적 정보나 통화패턴 등에 관한 개인데이터를 통화 서비스의 질을 개선하기 위해 사용하기도 하지만, 다른 한편으로 개인에 대한 맞춤형 상품의 마케팅에 활용하기도 하며, 더 나아가서는 그러한 마케팅을 하는 제3의 사업자에게 데이터를 넘기기도 한다. 개인의 의료나 건강에 관한 데이터를 예로 들어보면 환자들의 치료나 진단에 관한 데이터는 다른 환자들에 대한 진료나 의사들의 실적을 평가하는 자료로 쓰이기도 하고, 한편으로 보험회사의 상품 개발에 사용될 수도 있다. 이렇듯 데이터의 활용 용도가 변화하면서 다양한 이해관계자들 간 데이터의 권리와 책임도 변하게 되고, 그에 따라 사용에 대한 허가 내용도 변해야 할 것이다.

모든 이해관계자들 간 권리와 책임에 대한 균형점은 결국 활용으로 인한 긍정적인 가능성을 높이고 부정적인 경우가 발생하는 것을 억제하는 방향으로 가야 할 것이다. 다시 말해서 지속 가능한 개인데이터의 생태계를 조성하기 위해서는 다양한 이해관계자들의 서로 대립되는 권리와 주장, 다른 이해관계자들에 대한 잠재적인 피해들 그리고 데이터의 사용으로 인한 가치들이 서로 균형을 이루어야 할 것이며, 그러한 균형은 결국 맥락적인 접근을 요구하게 된다. 맥락적 접근에서의 균형은 데이터 활용으로 인한 피해와 편익을 서로 비교해 편익이 피해를 보상하는 방향으로 균형점을 모색하는 것을 의미한다. 예를 들어 개인의 의료데이터가 의료기관이나 보험회사에 의해 환자 개인들을 차별하는 수단으로 활용된다면 개인데이터의 주체인 환자 본인으로서는 피해를 입을 수 있겠지만, 이러한 활용으로 인한 피해는 환자에 대한 더 나은 치료에 대한 정보의 축적, 더 나은 의학적 지식의 활용으로 인한 안전한 사회의 조성, 정부가 의료 예산을 절감하는 데에 기여하는 등의 편익으로 보상될 수도 있다. 이렇게 누군가가 입게 되는 손해가 또 다른 부문에의 이익에 의해 보상될 수 있다면 해당 데이터의 활용이 정당성을 가질 수 있다는 것이다. 데이터의 활용으로 인해 피해가 발생한다고 하더라도, 그것으로 인해 야기되는 편익을 종합적으로 고려할 필요성을 제기하는 것이다. 그런데 이 논리가 설득력을 가지고 현실에 적용되기 위해서는 측정의 문제가 해결되어야 하는데, 특히 공공부문에서 비용과 편익 간 비교의 정확성은 이러한 편익과 비용을 어떻게 정량적으로 비교 가능한 단위로 측정하거나 환산할 것인가에 달려 있기 때문이다.

3. 활용에 관한 주요 이슈들과 외국의 해결 사례

1) 데이터의 제공 가능성과 제공 의지

첫 번째 이슈는 제공 가능한 데이터가 존재하는가이다. 정부가 공공데이터를 제공하고 활용할 의지가 있다 하더라도 충분한 양의 데이터와 가치 있는 질적 데이터가 존재하느냐는 별개의 문제이기 때문이다. 한 예로서 공공데이터의 개방은 개방의 주체가 정보를 어떤 형식으로 개방하느냐가 매우 중요하다. 왜냐하면 공개의 형태에 따라서 활용의 주체가 그 정보를 얼마나 손쉽게 활용할 수 있느냐가 결정되기 때문이다. 예를 들어 정부가 자신이 보유하고 있는 데이터를 PDF 형식으로 공개한다는 것은 공개의 주체가 공개로 인한 활용도를 충분히 고려하지 않다는 증거로 받아들일 수 있다. 특정한 포맷으로 저장된 자료가 활용 가능한 데이터로 변환되는 데에 많은 시간과 노력이 든다면 이는 효과적인 활용에 장애가 된다(Caplan et al., 2015). 한편, 제공의 형태는 활용 친화적이 아닐지라도 정부기관이 다양한 형식으로 정보를 제공함으로써 수요자의 이해력을 제고시킬 수 있다. 예를 들어 미국 몽고메리시는 경찰관이 의도적으로 총기를 사용한 모든 사건에 관한 데이터를 비록 기계가 읽을 수 있는 형식은 아닐지라도 총기 사용 24시간 이내에 사용의 결과에 관계없이 웹사이트를 통해 그 결과를 공개하며, 또 다른 도시들 역시 이러한 데이터에 대한 요약, 연차보고서, 사건당 데이터 또는 표나 그래프 등 매우 다양한 방법과 형식으로 공개하고 있다.

2) 정보격차

데이터가 중립적이지 않다는 것은 적어도 두 가지 의미를 지닌다. 첫째, 데이터는 그것을 수집하고 관리하는 자에 의해 현실적 맥락 속에서 만들어지는 것이라는 의미이다. 이러한 주장은, 데이터는 스스로 말하므로, 상관관계가 인과관계를 대체하게 되고, 이를 통해 결국 이론의 존재가치는 약화될 것이라는 믿음(Anderson, 2008)에 대치된다. 다른 하나의 의미는 공개된 데이터를 활용하고 분석하고 해석하기 위해서는 그것을 수행하기 위한 적절한 도구나 능력을 갖추어야 하는데, 이들 요건들은 모든 계층이나 개인들에게 골고루 충족되지 못한다는 것이다. 즉, 이러한 능력과 요건을 갖춘 계층과 갖추지 못한 계층 간의 불평등 문제가 발생한다. 이를 해결하기 위해서는 대중들이 공개된 데이터를 어떻게 찾아내고 이를 어떻게 자신들의 필요에 따라 활용할 수 있는지에 대한 지식을 갖추는 것이 중요하며, 동시에 데이터 격차 문제를 해결하기 위한 기업, 언론매체, 기술시민단체 등 다양한 매개집단의 역할이 중요하다.

3) 정부 이외의 데이터 생산 집단

정부가 데이터 공개에 가장 핵심적인 역할을 하고 있는 것은 사실이지만, 언론매체나 시민단체 그리고 민간기업 역시 여러 형태의 데이터 생산에 기여한다. 이들은 원래 형태의 데이터를 활용해 대중이 원하는 형태로 정보를 재생산하기 때문이다. 예를 들어 클라우드를 통해 데이트를 수집하거나 뉴스매체를 통해 경찰 업무나 경찰관의 치안 행위 등을 추적함으로써 원래 공개한 데이터와 대중이 실제 원하는 데이터 사이의 간극을 메울 수 있다. 예를 들어 미국은 페이털 인카운터스(Fatal Encounters)라는 사이트(www.fatalencounters.org)를 통해 경찰의 단속이나 범죄 진압 행위로 인해 사망한 사람들에 관한 정보를 공개하고 있으며, 매핑 폴리스 바이올런스(Mapping Police Violence)라는 사이트(https://mappingpoliceviolence.org) 역시 특정 계층에 대한 경찰의 진압 행위를 통계를 통해 공개하고 있다. 이러한 데이터의 생산과 공개는 결국 경찰조직이나 행위에 대한 혁신을 위해서인데, 구체적으로 경찰조직과 구성원 그리고 경찰 행위에 대한 책임성과 투명성을 향상시키고 이를 통해 정부와 시민 간의 신뢰를 형성시키기 위함이다. 이를 위해서는 단순한 데이터 공개를 넘어서 데이터의 정확성, 규모, 공개 시기, 시민들의 데이터 해석 능력의 향상 등을 고려해야 할 뿐 아니라 공개된 데이터에 대한 다양한 해석의 결과가 궁극적으로 지속적인 혁신으로 연결되어야 할 것이다. 한편, 민간기업들도 데이터 생산에 기여하는데, 예를 들어 경찰서는 데이터 처리 관련한 민간회사들(예: Socrata)과의 협력을 통해 이들 회사가 데이터를 추출하고 분석해 대중에게 공개하는 기술적 지원과 소프트웨어를 제공하도록 한다.

4) 데이터 중개인의 역할과 자율 규제

데이터 중개인은 민간부문에서의 소비자나 공공부문에서의 주민들의 개인데이터를 수집·재판매·가공·분석하거나 다른 기업들과 데이터를 공유하는 기업을 지칭한다. 미국의 경우 데이터 중개인에 의한 데이터 활용이 광범위하고 활발하게 이루어지고 있는데, 미국 정부는 데이터 중개인에 대한 정밀한 실태조사와 관련 지침을 수립함으로써 데이터가 투명하고 안전하게 유통되도록 제도적 노력을 하고 있다. 이는 데이터의 엄격한 거래 금지를 통한 데이터의 보호와, 방만한 활용 사이에서 상생적이고 균형적인 데이터의 보호와 활용 간의 모습을 보여주는 좋은 사례라고 할 수 있다(백인수, 2016).

데이터 중개인의 역할은 주로 마케팅 대상 고객의 선정, 마케팅 전략 수립 및 분석, 신원 분석, 사람 찾기 등이며, 특히 분석 결과를 활용해 공공과 민간부문에 걸쳐 데이터에 기반을 두고 정책을 수립하고 집행하는 데에 중요한 기여를 하게 된다. 한국은 사실상 제대로 기능하는 데이터 중개인은 아직 없는 반면, 미국은 오래전부터 관련 비즈니스가 발달해오면서 주요 데이터 중개기업들이 데이터 산업에 중요한 역할을 하고 있다.[6] 미국은 프라이버시를 기본권으로 인식하는 유럽과 달리 재산권으로 보는 시각에서 개인데이터의 유

---

6 주요 데이터 중개 기업의 총매출은 연간 5000억 원을 상회하고 있다(Federal Trade Commission, 2015).

통이 비교적 활성화되고 있는데, 이 과정에서 데이터 중개인의 역할이 특히 중요하다. 예를 들어 개인데이터를 투명하고 안전하게 활용하기 위해서 '공정신용보고법'(Fair Credit Reporting Act, 1970)의 제정, 중개인의 현황 및 실태의 투명한 공개, 데이터 수집 및 유통 현황에 대한 포털 구축, 데이터에 대한 연차 정보의 발간 등 안전한 유통 환경 구축을 위한 제도적 노력을 다하고 있다.

한편, 데이터 중개인의 방만한 개인정보의 수집과 유통을 규제하기 위해 정부의 규제와 함께 중개인 기업들의 자발적 규제 노력도 동시에 증대된다. 미국 연방거래위원회는 이름 되찾기('Reclaim your name') 정책을 통해 소비자들이 자신들의 데이터가 어떻게 수집되고 활용되는지에 대해 알 수 있는 권한을 부여하고, 자신의 정보가 활용되는 것을 사후적으로 거부할 수 있으며, 정보의 오류를 정정할 수 있는 기회를 보장받는다. 한편, 주요 데이터 중개기업은 소비자가 직접 자신의 개인정보 수집과 활용 현황을 확인할 수 있는 사이트를 개설하여[7] 안전한 개인데이터 유통과 활용을 위한 기업 자체적인 규제 노력을 다하고 있다(백인수, 2016).

---

[7] 액시옴(Acxiom) 이라는 데이터 중개기업은 'AboutTheData.com'이라는 사이트를 통해 소비자가 자신에 관한 정보가 어떻게 수집되고 활용되는지 확인할 수 있게 한다.

4. 결론: 활용과 보호 사이 균형적으로 접근하기

그동안 가치 있는 정보들은 주로 사람들의 행위에 의해 만들어졌으나(예: 인터넷 검색, SNS 활동, 블로그, 구매 행위 등) 앞으로는 사물인터넷 등으로 인해 센서와 정보기기들이 생산하는 데이터가 지금 보다 더욱 급격히 늘어날 것으로 예상된다. 이처럼 활용의 대상이 되는 데이터의 양과 성격이 급속하게 변화함에 따라 데이터를 활용하는 과정에서 발생할 수 있는 프라이버시의 침해, 데이터 관리 비용증가, 데이터의 비정확성 및 잘못된 추론 문제 등도 종전에 비해 그 심각성이 더해갈 것이다. 따라서 양과 질적인 측면에서 새로운 모습을 띠게 되는 데이터의 활용 필요성이 높아질수록 정확한 데이터의 안전한 활용에 대한 요구 또한 높아질 것이다.

이 글에서는 데이터의 활용과 보호 이슈가 서로 충돌하는 원인을 여러 시각에서 짚어 보고 양자를 조화로운 관계에서 운영하기 위한 정부, 기업, 민간부문의 역할을 고찰해보았다. 이러한 각 부문의 역할은 해당 국가의 상황이나 맥락, 제도 등에 따라 다르게 적용될 수 있으며, 그 효과도 달라질 것이다. 예를 들어 미국은 프라이버시를 보다 편리한 서비스를 제공받기 위해 개인이 거래할 수 있는 대상으로 삼고 있는 반면, 유럽에서는 프라이버시를 보호해야 할 기본권이라고 인식한다. 양자의 차이에도 불구하고, 고속도로에서 자동차가 빨리 달리기 위해서는 고속도로의 안전장치 설치가 선행되어야 하듯이, 데이터가 활발하게 활용되기 위해서는 안전하게 활용되기 위한 전제조건이 필요하다. 프라이버시가 침해된 뒤에 수습하기보다는 그러한 사고가 발생되지 않도록 사전에 예방하는 것이 바람직하다는 것은 재론의 여지가 없다. 이를 위한 대안으로서 프라이버시 바이 디자인(Privacy by Design)[8]은 고려해볼 가치가 있다. 이는 상품이나 서비스를 설계할 때부터 프라이버시 대책을 강구하도록 함으로써 활용 과정에서 발생할 수 있는 프라이버시 문제를 사전에 최소화하기 위한 제도적 노력을 의미한다. 이를 위해서는 데이터의 종류와 성격 그리고 데이터의 활용 단계별로 적절한 보호 대책을 수립해야 하며 특정 데이터를 누가 어떤 목적으로 수집하고 수집 후에는 어떻게 사용하며 관리하는지에 대한 구체적이고 세밀한 접근이 필요할 것이다.

---

8 제품의 설계 및 출시 단계에서부터 프라이버시를 고려하는 것을 의미하며, 2016년 제정된 유럽 개인정보보호규정에도 이를 명문화했다.

참고문헌

모스코, 빈센트(Vincent Mosco). 2015. 『클라우드와 빅데이터의 정치경제학』. 백영민 옮김. 커뮤니케이션북스

백인수. 2016.11.30. "데이터 브로커를 통해 본 데이터 활용 촉진 전략방향." ≪IT & Future Strategy≫, 제7호.

안전행정부. 2014. 『공공데이터 관리지침』.

한신갑. 2015. 「빅데이터와 사회과학하기」. ≪한국사회학≫, 49(2), 161~192쪽.

Anderson, Chris. 2008. "The End of Theory: The Data Deluge Makes the Scientific Method Obsolete." *Wired*, 23 June.

Bump, Philip. 2013. "Update: Now We Know Why Googling 'Pressure Cookers' Gets a Visit from Cops." *Atlantic Wire*. www.theatlanticwire.com/national/2013/08/government-knocking-doors-because-google-searches/67864.

Caplan, Robyn, Alex Rosenblat and Danah Boyd. 2015. "Open Data, the Criminal Justice System, and the Police Data Initiative." Data & Civil Rights: A New Era of Policing and Justice. Data & Society.

Federal Trade Commission. 2015. Data Brokers: A Call for Transparency and Accountability.

Sunlight Foundation. 2017. "Opening Criminal Justice Data," Sunlight Foundation. https://sunlightfoundation.com/2015/04/01/opening-criminal-justice-data-what-we-learned-from-louisiana/

World Economic Forum. 2013. Unlocking the Value of Personal Data: From Collection to Usage.

7장

빅데이터와 선거:
혁명인가, 유행인가?

성욱준

1. 빅데이터와 예측

1) 빅데이터의 시대

빅데이터 시대가 도래하고 있다. 21세기의 원유라 불리는 빅데이터는 기존 데이터의 수집·저장·관리·분석의 수준을 넘어서 대량의 정형 또는 비정형 데이터를 생산하고 이를 통해 새로운 가치의 원동력이 되고 있다. 언제 어디서나 인터넷으로 연결된 초연결사회는 사람들이 생성하는 데이터 외에도 센스 네트워크를 통해 사물들 간 생성하는 사물인터넷 생태계를 통해 더욱 확산되고 있다. 빅데이터는 초기에 3V(volume, velocity, variety)로 특징지어졌다. 매년 생성하는 데이터의 양이 인류가 지난 2000년간 축적해온 데이터 총량을 넘어섰으며, 2011년 1.8제타바이트를 기록한 데이터의 양은 2013년 기준으로 4.4제타바이트를 기록했고, 2020년에는 10배가 넘는 44제타바이트에 이를 것으로 예상된다(참고로 1제타바이트는 미국의회도서관이 소장한 정보량을 약 4만여 번 담을 수 있는 엄청난 양이다). 그리고 형태도 기존 텍스트뿐 아니라 사진, 오디오, 동영상, 소셜미디어 데이터, 로그 파일과 같은 다양한 데이터를 포함하고 있다. 빅데이터가 만들어내는 새로운 가치(value)에 대한 관심과 데이터 속에서 내가 필요로 하는 데이터의 정확성(Veracity)을 확보할 수 있는지가 중요해지면서 빅데이터의 특징은 5V(volume, velocity, variety, value, veracity)로 일컬어진다.

이러한 빅데이터 분석은 개개인의 생활 영역뿐 아니라 정치, 경제, 행정, 문화 등 전반에 걸쳐 큰 변화를 일으키고 있다. 빅데이터를 통한 구글의 독감 예측, 서울시 심야버스나 SNS 분석을 통한 맞춤형 광고와 같은 빅데이터를 활용한 다양한 서비스 개발과 보급, 2012년 미국 대선에서 적극적인 데이터 활용 그리고 2016년 영국의 EU 탈퇴 투표와 미국 대통령 선거 예측을 둘러싼 빅데이터 예측까지 활용 분야가 점점 더 넓어지고 있다.

국내에서도 최근 몇 년간 빅데이터를 활용한 사례들이 다양한 분야에서 점차 증가하고 있다. 교통 분야에서 서울시의 유동인구 데이터를 활용한 심야 올빼미 버스 노선 수립이나 경기도 따복버스 노선도 분석, 중소 창업 지원을 위한 서울시의 상권분석서비스, 도시 안전을 위한 CCTV 사각지대 분석, 의료 분야의 의료이용지도나 국민건강정보 DB를 이용한 맞춤형 보건·건강 서비스 개발 등이 대표적 사례이다.

〈표 7-1〉 국내 공공부문 빅데이터 활용 사례

분야	기관	사업 내용
교통	경찰청, 도로교통공단	맞춤형 위험도로 예보 시스템 구축
	광주광역시	빅데이터를 활용한 광주 시내버스 효율화
	서울시	유동인구 빅데이터를 활용한 심야버스 노선 수립
	경기도	경기도 따복버스 노선도 분석
과학기술, R&D	미래창조과학부	차세대 메모리 기반의 빅데이터 분석·관리 소프트웨어 원천기술 개발
		초소형·고신뢰 OS와 고성능 멀티코어 OS를 동시 실행하는 듀얼 운영체제 원천기술 개발
		빌딩 내 기기들을 웹을 통해 연동하여 사용자 맞춤형 최적제어·모니터링 서비스를 제공하는 소프트웨어 개발
경제	경기도	빅데이터 활용 상권영향분석 조례 추진
	서울시	서울시 '우리마을가게 상권분석 서비스'
	미래부	빅데이터 시범사업 컨소시엄 5개 선정
	고용부	일자리 현황분석을 통한 고용 수급 예측
	중소기업청	소상공인 창업 성공률 제고를 위한 점포평가 서비스
안전	경기도	CCTV 사각지대 분석
	대구광역시	방화벽 보안 로그 분석
	행정자치부	빅데이터 로그분석으로 보안사고와 장애예방 강화
		빅데이터 기반의 개인정보 보호체계 및 침해예보제 운영기반구축
의료	국민건강보험공단	헬스맵 서비스를 위한 환자 의료이용지도 구축
	미래부	심실부정맥 예측, 입원병상 최적화 등 보건의료 서비스
	복지부	국민건강정보 DB를 활용한 맞춤형 건강서비스 개발
	식약처	빅데이터 기반의 의약품 안전성 조기경보 서비스

분야	기관	사업 내용
정보제공	통계청	빅데이터 활용 국민체감 통계생산 (경제 및 물가지수 등)
	건강보험공단	고객서비스 향상을 위한 정보시스템 고도화사업
	교육부	빅데이터 활용 스마트 뉴스 모바일 앱 개발
	인천광역시	소셜 빅데이터 분석 시스템 용역
	한국생산기술연구원	빅데이터 활용 새 먹거리 발굴 지원
행정민원	광주광산구	시민 맞춤형 서비스 사례
	서울 도봉구	주민 참여형 빅데이터 행정 구현
	부산 해운대구	빅데이터 활용 스마트 행정
	경상북도 영천시	민원데이터 분석
	통계청	빅데이터를 활용한 통계 조사(인구 총조사에 활용)

자료: 성욱준(2016).

2) 빅데이터 예측을 둘러싼 논쟁

(1) 구글독감트렌드(GFT: Google Flu Trends)

빅데이터 분석의 새로운 가능성을 크게 알린 사례가 구글의 독감 트렌드분석이다. 구글은 검색어 집계를 통한 데이터를 이용해 독감 환자 수를 예측하는 모델을 구축했다. 그리고 해당 모델의 결과는 해당 지역에서 실제 독감 때문에 병원에 방문한 환자 수와 높은 상관관계를 보여주었다. 2009년 ≪네이처(Nature)≫에 소개된 논문은 위의 사항을 자세히 분석하고 있다.

독감이나 전염병과 같은 질병의 확산이 실시간으로 일어나고, 이에 대한 조기 대응이 중요할 경우 조금이라도 빨리 확산의 속도나

〈그림 7-1〉 **구글의 독감 트렌드 분석 1**

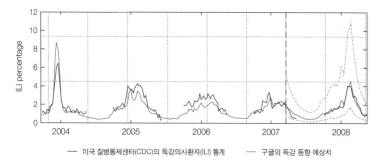

— 미국 질병통제센터(CDC)의 독감의사환자(ILI) 통계   — 구글의 독감 동향 예상치

자료: Jeremy Ginsberg et al.(2009).

강도를 파악하는 것은 매우 중요하다. 구글은 2009년 2월 구글독감 트렌드 통해 미국의 보건 당국(CDC: Centers for Disease Control and Prevention)보다 독감의 확산 속도와 경로를 보다 빨리 예측함으로서 전 세계적으로 큰 반향을 일으켰다. 이는 독감 증상이 있는 사람들이 늘어날수록 구글 검색에서 기침, 발열, 몸살, 감기약과 같은 관련 검색어를 조회하는 빈도가 늘어나는 것에 착안했다. 구글은 이러한 검색 트렌드 분석을 통해 시간별, 지역별 변화를 분석함으로 CDC보다 독감 확산을 조기에 경보할 수 있었다.

　구글의 독감 예측 관련 빅데이터 분석의 내용을 조금 더 자세히 살펴보자. 구글은 2008년 2월부터 5월까지의 독감 관련 검색어 자료를 기반으로 한 분석을 통해 실시간 빅데이터 분석의 예측력을 설명한다. 〈그림 7-2〉은 해당 시기별 가용 데이터를 중심으로 한 구글과 CDC의 독감 트렌드 분석을 비교하고 있다. 이에 따르면 2008년 2월

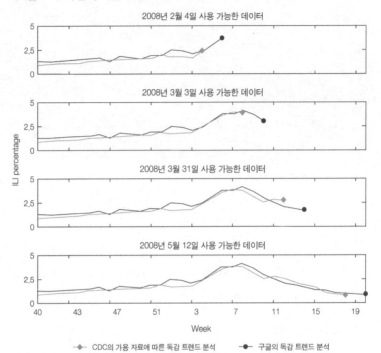

〈그림 7-2〉 구글의 독감 트렌드 분석 2

주: 붉은색: CDC의 가용 자료에 따른 독감 트렌드 분석, 검은색: 구글의 독감 트렌드 분석.
자료: Jeremy Ginsberg et al., 2009

4일에 사용 가능한 데이터의 차이가 시간적 예측 범위의 차이로 나타나고 있다. 즉, CDC의 경우 보다 공식적 통계에 기반을 두고 현황을 분석하게 되는데 이것은 실시간 구글 검색에 기반을 둔 구글의 분석보다 시간적으로 늦다는 것을 의미한다. 문제는 실시간 데이터에 의존한 구글의 분석이 속도만큼 그 예측력에 정확도도 있을 것인가이다. 조기 예측이 가능하다 하더라고 정확하지 않다면 분석의 신뢰성은 훼손될 것이다. 2008년 3월 3일의 결과를 보면, 마름모선으로 표시된 CDC의 통계 결과가 둥근선의 구글 트렌드 분석 결과를 매우 유사한 패턴으로 따라가고 있다. 이를 3월 31일과 5월 12일의 비교 분석에서도 동일하게 나타나고 있다. 상승과 하강 국면의 중요한 변곡점의 패턴은 구글의 실시간 데이터 분석과 CDC의 공식 데이터 기반 분석이 거의 일치하고 있음을 보여주고 있다. 구글의 빅데이터 분석은 시간과 정확도 모두를 성공적으로 잡을 수 있었다.

(2) 구글독감트렌드 반론

빅데이터를 통한 독감 예측으로 파장을 일으켰던 구글독감트렌드는 이후 몇 가지 측면에서 비판을 받는다. 특히 2014년 ≪사이언스(Science)≫에 실린 논문은 구글독감트렌드 분석이 지닌 과다추정(overestimating)과 검색 알고리즘의 잦은 변화에 따른 측정 도구의 불안정성(unstable), 추정 오차(error) 문제를 지적했다. 〈그림 7-3〉은 2009년부터 2013년까지 구글독감트렌드의 예측치와 미국 질병통제센터의 추정치를 비교하고 있다. 이에 따르면 구글독감트렌드는 독감(ILI: Influenza-like illness)으로 인한 병원 방문 가능성을 최대 두 배 이상 과다추정했다. 특히, 2011년 8월부터 2013년 9월까지 해당 기간의 108주 중 100주가 실제보다 독감 유행을 과다추정한 것으로 나타났다. 주목할 것은 이 분석을 통해 구글독감트렌드의 과다추정 문제뿐 아니라 예측력 있는 모델로서의 적합성 문제까지 제기되었다는 점이다. "구글독감트렌드" 모델에 대한 대안 모델로서 "지

<그림 7-3> 구글의 독감 트렌드 분석에 대한 반론

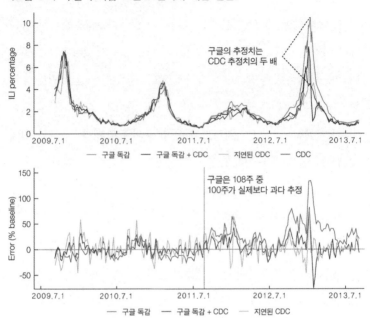

주: ILI(Influenza-like illness)는 독감유사질병 예측이다.
자료: David Lazer et al(2014).

연된 CDC(lagged CDC)" 모델 추정치와 "구글독감트렌드와 지연된
CDC의 결합(GFT + lagged CDC)" 모델은 모두 구글독감트렌드 모델
보다 훨씬 적은 오류를 나타냈으며, 이는 통계적으로도 유의미한 수
치였다.[1]

---

1 참고로 세 모델에 대한 해당 기간에 평균절대오차(MAE)는 GFT의 경우 0.486,
   지연 CDC의 경우 0.311, 결합 모델의 경우 0.232.이며, 모든 차이는 p < 0.05
   수준에서 통계적으로 유의미하게 나타났다.

(3) 빅데이터 분석의 가능성과 한계

빅데이터는 다양한 형태(variety)로 빠르게 축척(velovity)되는 엄청난 양(volume)의 데이터를 기반으로 사회 현상을 설명한다는 점에서 획기적인 변화를 추동하고 있다. 빅데이터는 시·공간의 역동성이 복잡하게 얽혀 있는 사회현상에서 인간들의 상호작용을 더 잘 이해하고, 이들 관계의 비선형성을 탐지할 수 있는 가능성을 제공할 것이다. 더구나 빅데이터를 처리할 기술의 발전과 AI와 기계학습을 통한 다양한 영역에서의 활용은 단순한 분석 그 이상의 영역으로 발전해갈 것이다. 하지만 빅데이터 분석을 더 잘 이해하고 활용하기 위해서는 빅데이터 분석이 지닌 한계를 이해하는 것이 필요하다.

현재 빅데이터 분석에서 유의해야 할 쟁점들은 크게 네 가지 정도로 나눌 수 있다. 첫째, 데이터의 과다추정(overestimating) 문제이다. 구글트렌드분석에서 나타난 것처럼 빅데이터 분석이 소셜데이터나 검색데이터에 기반을 둘 경우 직·간접적인 연관이 없지만 형식적으로 유사하게 보이는 단어 등을 걸러내지 못함으로써 실제보다 과다추정할 가능성이 있다. 또한 순전히 사용자 검색을 기반으로 함으로 사용자가 독감과 비슷한 증상 때문에 검색했는지 아니면 단순한 호기심이나 다른 목적 등으로 검색했는지 구분할 수 없다. 〈그림 7-3〉을 다시 살펴보자. 당시 구글트렌드가 독감 유행을 과다추정하게 된 것은 미국을 강타한 살인독감 때문인 것으로 해석된다. 2012년 말에 시작해 크리스마스 이후 최고치를 기록한 미국 독감유행과 독감 인플루엔자 변종으로 인한 사상자 발생 등으로 독감 공포가 커졌다.

이러한 독감에 대한 관심과 언론의 주목으로 인해 독감에 대한 검색율이 올라갔음에도 불구하고, 구글의 트렌드 검색은 이를 독감의 발생으로 인한 추정치로 예상했다. 둘째, 측정 도구의 신뢰성과 타당성 문제이다. 검색어에 기반을 둔 데이터 추출의 경우, 검색 알고리즘의 변화는 동일한 검색어에 대한 다른 결과로 나타날 수 있다. 알고리즘의 변동에 따라 측정 도구의 변화가 생기면 이는 추출 데이터에도 영향을 미친다. 이는 과학적 연구에 기본적 요건 중 하나인 동일한 조건에서의 반복 실험과 검증을 통한 반증 가능성(falsifiability)에 반할 수 있다. 셋째, 빅데이터 분석은 현상이나 트렌드를 묘사하거나 현상 간의 패턴을 파악하는 것에 매우 유용하다. 즉, 상관관계를 파악하는 데 그친다. 따라서 변수 간 발생하는 관계의 이유를 설명하지 못하거나 제3의 원인으로 인한 관계의 발생을 통제하지 못할수도 있다. 빅데이터의 분석은 "왜"라는 설명과 인과관계의 문제에 대한 해답을 주기에는 한계가 있다. 우리는 여전히 그 현상이 왜 발생했는가에 대한 설명과 해석이 필요하다. 넷째, 빅데이터의 표본과 관련된 문제이다. 빅데이터는 기존의 표본추출에 의존한 소규모 데이터에 비해 포털이나 소셜미디어의 대규모 데이터를 다루므로 전수조사에 가까운 표본으로 분석하는 장점이 있다. 하지만 아무리 큰 데이터라 하더라도 결국 모집단은 아니며 매우 큰 표본일 뿐이라는 한계가 있다. 빅데이터에도 여전히 표본의 대표성 문제는 중요하다.

2. 여론조사와 빅데이터 분석: 대체재 vs 보완재

정치 분야에서 빅데이터가 주목받게 된 큰 계기 중 하나는 2012년 미국 대통령 선거이다. 이 선거에서 오바마는 공화당 후보인 롬니를 이기고 대통령에 재선되었다. 이 과정에서 오바마는 빅데이터를 통한 분석과 맞춤형 선거운동 전략을 성공적으로 사용했다. 오바마는 대선 1년 6개월 전에 설치된 선거 캠프에서 빅데이터와 IT 전략·활동가를 적극 활용했다. 오바마 선거캠프는 유권자 데이터베이스의 구축과 선거의 IT 인프라 개발과 운영, 유권자 마이크로 타깃팅과 지원봉사자 활용에 이르는 전 과정을 관리했고, 이를 통해 대통령 당선뿐 아니라 대선 결과의 정확한 예측력으로 다시 한번 주목을 받았다. 데이터 분석에 기반을 둔 선거운동은 자연스럽게 유권자의 특성을 반영한 맞춤형 홍보 전략으로 이어졌다. 예를 들면 정치 성향과 활동을 포함한 유권자 프로파일링에 대한 정보가 거의 없는 버지니아 거주자 23살 사라에 대한 공화당과 민주당의 홍보 방법을 비교해보자. 공화당은 거리상으로 2시간이 떨어진 사라의 부모님 집에 사라를 타깃으로 한 10여 통의 홍보물을 보내면서 그녀가 살고 있는 지역과 상관이 없는 탄광 산업에 대한 홍보와 오바마 정부에서는 '복지만 있고 일자리는 없다'는 내용의 경제적 이슈를 홍보했다. 이에 반해 민주당은 사라가 유권자 등록을 한 새 주소로 사라의 인구사회학적 관점을 고려한 가족계획 비용의 의료보험 적용에 관한 이슈와 교육비 상승에 대한 정책을 지속적으로 홍보했다. 이 차이는 사라의 투표 선택지를 훨씬 더 분명하게 하였다.

2016년에 국내외에서 정치적으로 주목받았던 여러 이벤트는 빅데이터의 위용을 더욱 돋보이게 했다. 2016년 4월 한국의 4.13 총선 결과, 6월의 영국의 브렉시트에 대한 결정, 11월의 미국 대선에 이르기까지 기존 여론조사가 결과 예측에 실패한 가운데 빅데이터 분석은 이변의 결과들을 예측하면서 여론을 읽는 새로운 척도로서 관심을 받고 있다.

1) 전통적 여론조사의 의의와 한계

(1) 여론조사와 표본

오늘날 여론조사는 선거를 둘러싼 유권자들의 지지도를 보여주며 해당 선거의 판세를 분석할 수 있도록 해주는 중요한 지표로 여겨진다. 또한 여론조사는 단순히 현재 지지도를 보여주는 것에 그치지 않고, 여론조사의 결과가 다른 사람의 투표에도 영향을 미칠 수 있으며 후보자들의 정치적 입장 결정하는 것과 같은 정책 행태에 영향을 미치기도 한다. 여론조사를 경험한 유권자들은 내가 가진 표가 사표가 되지 않고 의미 있게 사용되기를 원한다. 이처럼 지지율이 높은 후보자들에게 유권자의 관심이 쏠리게 되는 여론조사에서의 밴드왜건 효과(bandwagon effect)는 몇몇 유력 후보자에게 관심과 표를 집중되도록 만들고, 이는 투표에 영향을 미친다. 후보자 또한 선거 과정 전반에 걸쳐 여론조사를 예의 주시하며 여론조사의 결과에 따라 그들의 정책을 수정하기도 한다. 투표에 참여할 모든 유권자의 의견을 일일이 듣지 않더라도 일정 비율로 추출된 표본만으로 투표의 결과를 미리 예측할 수 있다는 것은 매우 효율적이며 매력적이다. 오늘날 사용되는 표본 추출에 기반을 둔 여론조사는 1930년대에 정착되었다.

1936년의 미국 대통령 선거는 여론조사와 관련된 혁명적인 변화가 일어난 해이다. 공화당 랜던(A. Landon) 후보와 민주당 루스벨트(F. Roosevelt)가 맞붙은 이 선거는 선거 전의 예상을 깨고 루스벨트가 재선되었다. 선거 결과만큼 흥미로운 것은 여론조사 기관이었던 두 회사의 운명이다. 240만 명이라는 유례없이 큰 표본으로 여론조사를 했던 리터러리 다이제스트(literary Digest)사는 랜던의 승리를 예상(57% vs 43%)한 것에 반해 갤럽(gallup)은 자신이 고안한 표본조사방법을 통해 1500명의 표본만으로 루스벨트의 승리를 예상(56% vs 44%)했다. 더구나 갤럽은 경쟁사인 다이제스트의 예측치까지 거의 정확하게 예측(56% vs 44% 로 랜던 승리)했다. 당시 다이제스트의 표본추출은 전화번호부나 클럽 회원 명단을 기반으로 이루어졌는데 당시 전화가 4가구당 1가구 꼴로 소유하는 부유층의 전유물이었음을 고려할 때, 가난한 사람들에게 다수의 지지를 받고 있는 루스벨트의 지지를 표본에 제대로 반영할 수 없었다. 실제 선거결과에서 루즈벨트의 득표율은 62%였으며, 다이제스트의 예측치는 43%, 갤럽의 예측치는 56%였다. 이 방식은 오늘날 표본의 대표성을 통해 여론을 파악하는 여론조사의 표준 방식으로 유지되어오고 있다.

하지만 최근 여론조사 실패의 시대라고 불릴 만큼 각종 여론조사들이 투표 결과를 제대로 예측하지 못하고 있다. 2016년 4월에 치러진 4.13 총선의 경우 여론조사 기관들은 새누리당(현 자유한국당)의 과반석 의석 확보를 예상했지만 선거의 결과는 여론조사와는 달리 새누리당의 참패로 끝이 났다. 2016년 6월의 브렉시트 결정을 둘러싼 영국의 국민투표의 결과도 투표 이전 여론조사의 예상과는 크게 빗나가는 것이었다. 2016년 11월의 미국 대통령 선거는 전통적인 여론조사의 신뢰성에 치명타를 가하는 사례가 되었다. 미국에서 가장 유명한 대선 예측 전문가 네이트 실버(Nate Silver)는 파이브서티에이트(Five Thirty Eight) 블로그에서 힐러리의 승률을 79.1%, 트럼프의 승률을 20.8%로 예측했으나 결과는 트럼프의 승리로 끝이 났다. 왜 이런 결과가 발생했을까? 여론조사 실패의 이유는 다양하지만, 위의 투표의 예들에서 나타난 현상의 공통점으로 자기의 정치적 성향을 드러내는 것을 조심스러워하는 '샤이(shy) 유권자'의 표심을 정확히 읽지 못하는 것을 한 이유로 들고 있다. 이는 국내 여론조사와 선거 결과의 차이를 일으키는 원인이 되고 있다. 즉, 보수 진영을 '수구꼴통'으로, 진보 진영을 '빨갱이'로 매도하는 경직적인 정치문화가 확산되면서 이념의 극단에 있는 유권자가 자신의 정치성향을 겉으로 드러내지 않는 경우가 많아진 것이다. 하지만 이것만으로는 여론조사의 실패가 모두 설명되지는 않는다. 여론조사에 무슨 문제가 생긴 것일까?

(2) 전통적 여론조사의 함정

사실 여론조사의 문제점과 한계는 지금까지 지속적으로 논의되어 왔다. 여론조사의 신뢰성 문제와 관련해 여론조사의 낮은 응답률과 표본 대표성, 여론조사의 방법, 여론 조작의 가능성, 여론 지지도와 투표 참여와의 관계 등이 제기되고 있다.

첫째, 여론조사의 낮은 응답률과 표본 대표성 문제이다. 여론조사는 해당 선거의 모든 유권자가 아닌 일정 유권자의 응답만으로 전체 유권자의 의견을 추정할 수 있다는 면에서 매우 효율적이며 효과적인 방법이다. 문제는 어느 정도 비율의 유권자 응답에 기초해야 결과의 신뢰성을 확보할 수 있는가이다. 여론조사 초기에는 신뢰도를 높이기 위해 표본의 크기를 늘리는 것에 주력했다. 그러나 1936년 미국 대통령 선거에서 약 240만 명을 표본으로 한 리터러리 다이제스트의 여론조사(공화당 랜던 후보의 승이 예상)보다 1500명을 대상으로 한 갤럽의 여론조사(루즈벨트 대통령의 재선)가 대선 결과를 더 정확히 예측함에 따라 표본의 크기보다 표본의 대표성을 높이는 방향으로 바뀌게 되었다. 최근 이러한 여론조사의 표본 대표성이 다시 문제가 되고 있다. 이것은 최근 보도되는 여론조사의 응답율을 보면 10% 정도에 불과하며 응답자 수의 연령대도 50~60대 이후의 연령대보다 20~30대가 훨씬 적다. 이 경우 인구비례에 따른 가중치를 통해 보정을 한다고 하더라도 여러 요인들에 대한 가중치 적용이 잦아지다 보면 전체적인 표본의 대표성이 보장되지 못하고 여론조사 결과의 신뢰성이 훼손된다. 여기에 최근 논의되고 있는 자신의 의견을 분명하게 밝히지 않는 샤이 유권자의 변수가 여론조사를 더욱 어렵게 한다. 자신이 품은 생각이 다수의 생각과 다를 경우 이를 굳이 밝히지 않고 침묵하는 것이다. 여론조사의 밴드왜건 효과가 다수 행동을 따르고 싶어 하는 경향을 설명한다면 침묵의 나선이론(Noelle-Neumann, 1974)은 사회적 소외에 대한 두려움을 설명한다.

둘째, 여론조사 방법이나 설문 문항의 내용, 구성 등에 따라 결과가 달라질 수 있다. 사람들의 응답은 유사한 내용이라 하더라도 설문지의 문구나 표현, 구성 등에 따라 달라질 수 있으며, 질문의 어조나 조사원의 태도와 같은 드러나지 않는 요인들에 영향을 받는다. 동일한 인물에 대한 여론조사라 하더라도 문항 내용이 차기 지도자에 대한 선호인지, 차기 대통령 후보에 대한 선호인지, 단순 선호도를 묻는지, 투표에 참여의 강도를 묻는지 등에 대한 문항의 내용에 따라 결과는 달라질 수도 있다. 문항 구성도 양자/다자 대결에 따른 다양한 상황에 따라 결과가 달라진다. 더 큰 문제는 여론조사에 참여가 투표행위와 일치하지 않을 수도 있다는 점이다. 이렇듯 여론조사에 쉽게 응하지 않는 사람을 참여시키고, 설문 과정에서 발생할 수 있는 응답 편의를 제어하며, 아직 마음을 결정하지 못한 부동층의 선호를 파악하고, 실제 투표에 참여 가능성을 고려해야 한다. 여론조사는 위의 난관들을 극복하고 유권자의 선호를 파악해야 한다.

셋째, 여론조사가 제대로 진행되었다고 하더라도 여전히 문제는 남는다. 전화번호 착신전환을 통한 조작, 나이·지역 등의 속임수와 같은 여론조작의 가능성은 언제나 존재한다. 또한 위에서 언급한 바와 같이 여론조사의 참여와 투표참여는 별개의 문제이다. 여론조사만으로는 응답자의 실제 투표의지를 반영하기에는 한계가 있다. 과거 투표이력이나 선거 참여 강도에 대한 설문 등을 포함해 보완하려 하지만 여전히 제한적일 수밖에 없다.

2) 빅데이터와 선거 예측

10%의 낮은 응답률과 자신의 의견을 드러내지 않는 유권자들의 응답 경향 속에서 인터넷 포털이나 소셜네트워크서비스의 데이터를 이용한 빅데이터 분석은 여론을 파악하는 새로운 대안으로서 주목받았다. 직설적인 질문에 직접 답변하는 표본의 견해보다, 모집단에 가까운 다수의 유권자들이 나타내는 드러난 혹은 숨겨진 의견을 파악하려는 빅데이터의 시대가 열렸다.

빅데이터 여론 분석은 기존의 전통적인 여론조사 방식에 비해 데이터 수집 용이성, 유권자의 무의식적 지지 성향 포착, 설문 설계자의 의도나 편견 배제, 실시간 여론 파악, 비용 감면을 특징으로 한다. 첫째, 빅데이터 여론 분석에 사용되는 데이터는 인터넷 포털이나 페이스북·트위터 등 소셜네트워크서비스를 통해 수집 가능하다. 2000명 내외의 인원에 의존하는 표본수를 걱정할 필요도 없으며 낮은 응답률에 고민할 필요도 없다. 최근에는 10대부터 60, 70대까지 거의 모든 연령층이 사용하는 인터넷 환경 덕분에 연령층에 따른 표본추출 편의(sample selection bias)나 무응답편의(non-response bias)도 걱정할 필요가 없다. 둘째, 빅데이터 여론 분석은 무의식적으로 행해지는 유권자의 관심까지 분석이 가능하며 이를 통해 유권자들의 지지 성향을 포착한다. 유권자들은 자신이 관심 있는 주제에 대해 검색하며, '좋아요'와 같은 클릭 행위를 통해 자신의 성향을 지속적으로 나타낸다. 이와 같은 온라인에서의 자연스런 자기표현과 관심의 표출은 여론을 포착할 수 있는 근거 자료가 된다. 셋째, 빅데이터 여론 분석에서는 전통적인 여론조사와는 달리 설문 설계자의 의도나 편견을 배제할 수 있다. 사전적인 설계를 통해 하향적인 방식으로 데이터를 수집하는 것이 아니라 기존에 존재하는 온라인에서 유권자들의 행위를 상향적인 방식으로 수집해 사용하는 것이므로 응답 편의(response bias)로부터 비교적 자유롭다. 이 밖에도 빅데이터 여론 분석은 온라인 데이터를 사용함으로서 실시간으로 변하는 여론을 파악하기 용이하며, 비용 측면에서도 저렴하다. 최근 구글의 검색 키워드 추세를 도표화해 실시간으로 보여주는 구글트렌드분석은 샤이 유권자의 표심을 읽어내는 빅데이터 분석으로 크게 각광받고 있다. 이러한 구글트렌드분석은 각종 선거에서 놀라운 예측으로 주목받고 있다.

빅데이터의 승리로 일컬어지는 2016년 미국 대선의 사례를 살펴보자. 2016년 11월 8일에 치러진 미국 대통령 선거는 도널드 트럼프가 306명의 선거인단을 확보해 232명의 선거인단을 확보한 힐러리 클린턴을 이기고 대통령에 당선되었다. 득표율을 보면 클린턴이 48.5%로 트럼프(46.4%)에 비해 앞서나 선거인단 수로는 당선 가능

선거인단 수인 270표를 훨씬 넘는 큰 차이로 승리했다. 대선 전 여론조사에서는 힐러리가 7:3 정도로 우세하다는 여론조사가 주를 이루었으나 실제 결과는 기존의 여론조사가 보여준 예측과는 너무 다른 것이었다. 1948년 트루먼 대통령 이후 약 50년 만에 미국 언론이 대통령 선거 예측에 실패했다. 미국 주요 언론들은 힐러리의 승리를 예측했다. 선거일 전날 힐러리의 당선 가능성을 CNN은 91%, 뉴욕타임즈는 85%, 워싱턴 포스트는 48%로 예측했다. 11개 미국 언론조사기관 중 LA 타임즈-서던캘리포니아대학(USC)팀과 IBD-TIPP 두 개만이 트럼프의 당선을 예측했을 뿐이다.[2] 선거 예측 실패에 대해 표본추출의 문제와 샤이 트럼프 유권자 현상을 대부분 지적하고 있다. 기성 정치권과 미국 현실에 대한 불만을 가진 저학력·블루칼라·백인 남성인 앵그리 화이트(angry white) 계층의 의견을 크게 반영하지 못했으며, 트럼프의 여성·인종 차별적 발언을 포함한 극단적 보수 발언과 구설수에 대해 공개적으로 지지하지는 못하지만 그를 비공개적으로 지지하는 유권자층이 많았다는 것이다.

이러한 언론사들의 여론조사 예측과는 달리 인공지능(AI)의 빅데이터 예측은 트럼프의 승리를 예측해 관심을 모았다. 인도계 스타트업 회사인 '제닉AI'가 개발한 인공지능 '모그IA'는 구글과, 페이스북, 트위터, 유튜브 등 공개 플랫폼에서 수집한 2000만여 개의 데이터로

---

2 LA 타임즈-USC가 사용한 방법은 자체 개발한 데이브레이크(DayBreak) 모델로 동일 표본에 대한 반복된 조사를 통해 기존의 무작위 표본과는 다르게 정치적 사건이나 환경 변화에 따른 심리 변화를 반영했다고 평가받고 있다.

대선 10여 일 전인 10월 28일 트럼프의 승리를 예측했다. 이와 함께 구글의 순다르 피차이(Sundar Pichai) CEO 등은 트윗으로 구글트렌드를 통한 당선자 예측을 언급하기도 했다. 구글트렌드를 이용한 미국 대선 결과가 한국에서도 크게 주목받은 바 있다. 세종대학교 우종필 교수는 구글트렌드 분석 등을 통해 트럼프의 승리를 예측했다.

"올 한 해 구글 검색어 데이터를 분석하면서 도널드 트럼프의 승리를 대외적으로 공언했어요 …… 미국 CNN과 뉴욕타임스 등이 실시한 여론조사는 모두 빗나갔습니다. 거의 모든 기관이 힐러리의 낙승을 예측했고, 선거 당일 모 언론사는 그의 당선 확률을 91%까지 예상했습니다 …… 현재 미국 여론조사는 유권자들의 0.00001%를 조사하는 것입니다. 표본이 너무 적기도 하지만, 실제 조사에 들어가면 그들은 절대 속마음을 드러내지 않습니다. 특히 윤리·도덕적인 이슈와 관련해서는 더욱 그런 성향이 강해집니다(≪매일경제≫, 2016.11.10.)"

구글트렌드는 구글에서 특정 키워드나 이슈를 검색한 빈도를 알려주는 사이트이다. 구글트렌드에 나타난 클린턴과 트럼프의 검색량의 비교는 일반적인 여론조사 내용과 다른 내용을 계속적으로 보여주었다는 것이다. 이러한 검색량은 해당 후보자에 대한 관심을 나타내는 지표로서 사용될 수 있다. 우종필 교수의 구글트렌드 검색 결과를 보면, 선거 90일 전부터 선거일까지 트럼프의 구글 검색량이 클린턴을 계속 앞서고 있는 것으로 나타난다. 이러한 검색량의 차이는 두 후보의 이름에 투표라는 검색어를 추가했을 때 더욱 뚜렷해진다. 구글트렌드는 2008년과 2011년의 미국 대선 결과에서도 오바마 대통령이 존 매케인 후보와 롬니를 앞서고 있었던 것으로 나타났고, 브렉시트에서도 'Leave EU'가 'Remain EU'를 선거 기간 내내 웃돌았던 것으로 알려지며 더 큰 관심을 받게 되었다.

최근의 몇 차례에 걸친 투표의 결과는 빅데이터를 활용한 여론 분석의 가능성을 보여주었다. 하지만 빅데이터를 활용한 여론 분석과 선거 예측에도 여전히 문제는 남는다. 온라인에서도 여전히 표본의 대표성 문제가 존재한다. 세대별 인터넷 사용자 수의 차이는 오프라인 여론조사와 반대로 젊은 층의 의견을 과다추정할 위험이 있다. 자료 표집 과정과 방법에서 검색 알고리즘의 변화는 검색 결과에 영향을 미칠 수 있으며, SNS를 통한 여론몰이, 검색 포털이나 SNS의 검색량 또는 조회 수를 늘이는 방법을 통한 여론 조작의 가능성도 남아 있다. 또한 빅데이터 분석의 성공을 결과론적인 측면에서만 다루고 있는 것은 아닌지도 고민해야 한다. 예를 들면, 2016년 미국 대선의 결과를 보면 선거인단 기준이 아닌 총득표 수에서 힐러리 클린턴이 총 6585만 3516표(48.5%)를 얻어 도널드 트럼프의 6298만 4825표(46.4%)를 약 280만 표 가량 앞선 것으로 나타났다. 빅데이터 분석에서 검색량에 좀 더 잘 비례하는 것은 득표 수가 아니었을까?

3. 빅데이터 시대의 분석과 예측: 데이터와 인간의 협업

검색 데이터를 통해 해당 검색어가 가지는 의미까지 추론할 수 있을까? 구글의 독감트렌드분석은 알고리즘의 지속적 개선으로 독감에 대한 단순한 호기심과 독감 증상을 구분할 수 있을까? 동일하게 우리는 알고리즘과 검색어 조합의 변경을 통해 유권자의 단순 관심과 지지를 구분할 수 있을까? 빅데이터는 복잡한 인간 행동을 이해하고 사회현상의 상호작용 패턴을 더 잘 이해하는 데 크게 기여했다. 하지만 결국 우리가 궁금한 것은 데이터 분석 결과를 통해 현실과 사회현상을 해석하는 것이다. 그 방법이 여론조사이든 아니면 빅데이터 분석이든 가장 중요한 것은 유권자들의 마음을 헤아리고 이를 표현해내는 것이다.

구글독감트렌드의 독감 예측과 2016년 미국 대통령 선거 결과를 빅데이터의 승리라고 단정 지을 수는 없지만, 빅데이터가 보여준 새로운 시도와 충격은 승리만큼이나 값진 것이다. 구글독감트렌드의 과다추정 문제를 지적한 ≪사이언스(Science)≫는 "구글독감트렌드와 지연된 CDC의 결합(GFT+lagged CDC)"의 결합을 통해 현실을 좀 더 잘 예측할 수 있는 모델의 개선이 가능함을 지적했다. 2016년 미국 대통령 선거의 결과도 동일선상에서 이해할 수 있을 것이다. 검색량을 통해 유권자의 관심도를 측정하고 이를 선거 결과와 연결시킨다는 간단한 아이디어는 언뜻 황당해 보이지만, 그 결과치의 유사성은 우리에게 생각지도 못한 결과에 대해 감탄을 자아내게 한다.

하지만 빅데이터를 통한 여론 분석은 전통적인 여론조사의 대체재이기보다는 보완재 역할을 할 것이다. 온라인 공간은 젊은층이 주로 활용하고 있어 젊은층의 표심을 보다 잘 읽을 수 있는 장점이 있지만, 노령층을 포함한 다양한 연령층의 의사를 반영하는 것에는 한계가 있으며, 아무리 여론조사가 신뢰성에 의심을 받고 있다 해도 이것은 여전히 선거에서 매우 중요한 지표이며 큰 영향력을 지닌다. 또한 빅데이터 분석은 여론의 흐름이나 트렌드 등의 변화를 '보여줄 수' 있으나, 왜 그렇게 변화하는지 설명하지 못한다. 데이터가 커지고 축적되어 기계학습을 통해 모형이 개선될 수 있다고 해도, 결국 모형을 개선하는 것은 자기학습이 아닌 인간의 분석력과 판단력인 것이다.

우리가 잊지 말아야 할 것은 새로운 기술이나 분석 방법의 등장은 기존에 존재하는 것들을 모두 지우고 그들만의 새로운 세상을 열려는 것이 아니라, 세상을 보는 새로운 시각과 방법을 우리에게 제공하는 계기가 된다는 것이다. 빅데이터는 데이터가 보여주는 새로운 규칙과 패턴을 우리에게 보여주는 것에 본래의 목적이 있다. 이 새로운 현상의 규칙과 패턴을 통해 세상을 좀 더 잘 이해하기 위해 새로운 현상들을 해석하고 원인을 설명하며 유용하게 활용하는 것은 여전히 빅데이터가 아닌 인간의 몫으로 남아있다.

참고 자료

고한석. 2013. 『빅데이터 승리의 과학: 빅데이터는 당신이 무엇을 선택할지 알고 있다』. 이지스퍼블리싱(주).

성욱준. 2016. 「공공부문 빅데이터 정책 활성화 연구」. ≪한국정책학회보≫, 25(2), 125~149쪽.

19대 총선에서 SNS의 영향력 평가 및 정책과제(file:///C:/Users/swj/Downloads/19%EB%8C%80+%EC%B4%9D%EC%84%A0%EC%97%90%EC%84%9C+SNS%EC%9D%98+%EC%98%81%ED%96%A5%EB%A0%A5+%ED%8F%89%EA%B0%80+%EB%B0%8F+%EC%A0%95%EC%B1%85%EA%B3%BC%EC%A0%9C_%EC%B0%A8%EC%9E%AC%EA%B6%8C.pdf)

[기고] 빅데이터와 선거예측(http://www.bigkinds.or.kr/search/totalSearchView.do?news_id=01101101.20161215050710002)

구글의 "독감 트렌드(Flu Trends)"에 대한 변명(http://newspeppermint.com/2014/04/07/flu/)

네이처 "구글 '독감 트렌드' 맹신 말라"(http://www.bloter.net/archives/143856)

'빅데이터'는 안철수가 대선 1위로 나왔다고?(http://politicsplot.tistory.com/61, http://edition.cnn.com/election/results/president)

빅데이터로 선거 결과도 예측할 수 있다!('Nature' 학회지에 발표된 구글의 독감예측 논문, http://blog.lgcns.com/1332)

우종필 교수 "트럼프 승리 적중…빅데이터는 이미 알았죠"(http://news.mk.co.kr/newsRead.php?no=784128&year=2016)

지지율 1%에 울고 웃지만.. 응답률 겨우 10% 통계왜곡 빈번(http://www.fnnews.com/news/201702141747088884)

창의융합 프로젝트 아이디어북 빅데이터(http://terms.naver.com/entry.nhn?docId=3534390&cid=58540&categoryId=58540#TABLE_OF_CONTENT11)

[토요판 커버스토리]"샤이 유권자 표심 읽어라" 빅데이터로 정확도 '쑥'(http://news.
donga.com/3/all/20170211/82815418/1)

Ginsberg, Jeremy et al. 2009. "Detecting influenza epidemics using search
engine query data." *Nature*, Vol. 457, pp.1012~1015.

Lazer, David et al. 2014. "The Parable of Google Flu: Traps in Big Data
Analysis." *Science*, Vol. 343, pp.1203~1205.

Noelle-Neumann, Elisabeth. 1974. "The spiral of silance: A Theory of public
opinion." *Journal of Communication*, 24(2), pp. 43~51.

Detecting influenza epidemics using search engine query data(http://www.nature.
com/nature/journal/v457/n7232/full/nature07634.html)

The Parable of Google Flu: Traps in Big Data Analysis. (http://gking.harvard.
edu/files/gking/files/0314policyforumff.pdf)

8장

지능정보 사회와
비정형 데이터*

이은미

1. 빅데이터와 비정형 데이터

대량의 정형 또는 비정형의 데이터로부터 새로운 의미와 가치를 탐색·추출하는 빅데이터에 대한 관심이 각 영역에서 높아지고 있다. 문서·영상·지리정보·소셜네트워크·위치정보 등 각처에서 축적되고 있는 데이터의 양이 기하급수적으로 증가[1]함에 따라, 이를 기술적·공학적·상업적으로 활용하고자 하는 노력이 경주되고 있다. 사회과학 분야도 빅데이터를 자료 수집과 분석에 활용해야 하는 새로운 도전[2]에 직면하고 있다. 사회과학에서의 빅데이터 적용은 '컴퓨

---

* 이 글은 이은미·김동욱·고기동, 「비정형 데이터 분석의 제도변화 적용에 관한 연구: 개인정보보호 제도를 중심으로」, ≪한국정책과학학회보≫, 20(2), 217~ 240쪽 내용을 부분적으로 수정보완했다.

1 전 세계 정보량이 2013년 4.4조 기가바이트에서 2020년에는 44조 기가바이트로 늘어날 것으로 예상된다(IDC, 2014).

터 연산으로의 전환'이 사회과학 연구에서 타당성과 유용성을 가질 수 있는가에 대한 문제이기도 하다(이재현, 2013; Berry, 2011). 컴퓨터 연산에 기반을 둔 연구는 전통적 방식으로는 획득할 수 없었던 통찰을 제공하고 대량의 데이터 속에 내재된 패턴이나 규칙을 이해하는 데 기여할 수 있지만, 한편으로는 데이터의 수집·분석·표현에 있어 전통적 연구 방법과 긴장과 갈등 관계에 놓일 가능성[3]도 안고 있다. 컴퓨터 연산 사회과학 연구(computational social science)가 대안적·보완적 연구경향으로서 전통적 연구 방법과 조화될 수 있는 방안을 모색하는 것이 필요하게 된 것이다(Lazer et al., 2009).

제도 연구에 있어서도 컴퓨터 연산보다는 전통적 서술 방식이 선호되어왔다. 현실의 복잡성과 역사성을 시간적·공간적 맥락에서 사례 중심으로 분석하고 다른 사례와 비교하고 해석하는 방식이 적용되어온 것이다. 제도주의, 특히 역사적 제도주의의 연구자들은 사례를 횡단면(cross-sectional analysis)적으로 교차 비교하기도 하고, 시기 구분(periodization)의 방법으로 시간 흐름에 따른 제도의 동태적 변화를 비교론적으로 분석했다(Lieberman, 2001). 이러한 시기 구분

---

2 사회과학에서 빅데이터는 실험 자료가 아닌 관측 자료로서의 특성과, 표본 수집이 아닌 전수 정보로서의 특징을 함께 지닌다(김용대·조광현, 2013: 962~965쪽). 이에 따라 표본을 통해 모집단을 추론하는 기존 계량적 연구 방법의 변화가 필요하게 되었다.

3 이에 대해 이재현(2013: 133)은 전통적 사회과학의 관습 내에서만 컴퓨터의 활용이 용인되고, 이는 전통적 연구의 관성이 작용하는 것으로 표현한다.

의 방법은 외부 충격이나 특정 제도가 변화되는 특별한 시점을 기준 삼아 연구자의 학문적 판단으로 이루어지게 된다. 연구자 개인의 역량이나 훈련된 전문성에 의존해 역사적 변화에 대한 통찰력을 발휘하도록 연구 여건이 조성된 것이다. 좀 더 객관적인 증거 기반의 연구를 뒷받침할 수 있는 노력이 제도 연구에서도 시도되어야 하는 것이다.

이 장에서는 전통적 방식의 서술적 제도 분석에 컴퓨터 연산 방법을 활용할 수 있는 대안적 방안을 모색함으로써, 실존 현상의 모습을 좀 더 객관적으로 재현하는 데에 중점을 둔다. 비정형 데이터 분석 방법 중 하나인 텍스트 마이닝(text mining)을 적용해 제도변화를 시각화[4]하여 기술함으로써 방법론의 이론 종속화(김웅진, 1994)에서 탈피해 '달리 생각할 수 있는 방법'을 탐색적으로 접목한다. 이를 위해 이 연구는 최근 관심이 높아지고 있는 개인정보보호제도를 분석 대상으로 하였고, 이를 대응 분석(correspondence analysis) 등을 통해 해석했다. 요컨대 이번 연구는 향후 비정형 데이터가 계속적으로 축적될 경우에 이를 사회과학적으로 어떻게 활용하고 분석할 수 있는지에 대한 탐색적 성과로서 의미를 지닌다고 본다.

---

4 마노비치(Manovich, 2011)는 시각화(visualization)는 텍스트, 데이터와 같은 비시각적 양식의 자료를 시각적 표상(visual representation)으로 매핑하는 것으로 본다.

2. 제도와 비정형 데이터

1) 역사적 제도주의와 제도변화

종속변수인 동시에 독립변수로서의 제도(하연섭, 2002; 2003)의 중요성을 강조하는 제도주의는 급격하거나 혁명적인 제도 변화뿐만 아니라 완만하고 점진적인 변화를 설명하는 데에도 최근 관심을 두고 있다. 급격한 변화를 설명하기 위해 역사적 제도주의는 진화 생물학에서 차용한 단절된 균형(punctuated equilibrium)으로 기존 경로로부터의 변화를 설명한다(Krasner, 1984; 1988). 즉 외부의 강한 충격에 의해 과거의 균형이 새로운 균형으로 대체되면서 제도 변화가 야기된다는 것이다. 아울러 형성된 제도는 자기강화적 기대, 학습효과, 조정 효과 등으로 인해 제도를 안정적·방어적으로 지속시키려는 경로 의존(path dependency)을 나타낸다(하태수, 2010; Hall and Taylor, 1996; Mahoney, 2000; Pierson, 2000).

최근의 제도주의에서는 외부적 쇼크에 의한 변화뿐만 아니라 내적 요인의 모호성, 요소 간의 격차에 의해 제도 변화가 촉발될 수 있다는 것을 제시한다(김태일, 2009; 2011; Campbell, 2007; Grief, 2006; Orren and Skowronek, 1996; Streeck and Thelen, 2005; Thelen, 2004). 아울러 제도를 의도적으로 설계된 질서정연한 단일체가 아닌, 다른 요소와 상호보완적·위계적으로 밀접하게 엮여진 복합체(complexes)로 인식한다(하연섭, 2003: 162). 제도 하위요소들 간의 상호보완성

(institutional complementarity)과 위계성(hierarchy)으로 인해 특정 제도의 급격한 변화가 쉽지 않게 되고, 제도를 지속하려는 속성을 지니게 된다. 촘촘하게 연결된 구성 요소는 변화의 양상을 제약하고, 이에 따라 제도 변화는 경로 의존적으로 나타난다(Amable, 2000; Amable et al., 2005, Höpner, 2005; North, 2005). 제도 구성 요소들이 각기 다른 시간과 맥락에서 형성되어 요소들 간의 갈등적 관계와 상호작용이 존재하게 되는 것이다.

이런 관점에서 캠벨(Campbell, 1998, 2005, 2007, 2010)은 제도 구성 요소의 변화를 브리콜라쥬(bricolage)[5]와 번역(translation)으로 설명한다. 브리콜라쥬는 기존 제도를 구성하던 요소들을 새롭게 재결합·재배열함으로써 과거 제도가 계속적으로 잔존하는 방식으로 변화하는 것을 말한다. 브리콜라쥬에 의한 재구성은 과거 제도 요소와 속성에 의해 제약을 받게 되므로 경로 의존일 수밖에 없게 된다. 외부의 새로운 요소를 받아들이는 과정에 있어서도, 번역(translation)의 방식으로 새로운 요소를 기존 요소들과 결합하게 된다.

유사한 입장을 견지하는 그리프(Grief, 2006)는 기존 제도의 실패

---

5 브리콜라쥬(Bricolage)는 프랑스의 인류학자 레비 스트로스(Claude Lévi-Strauss)가 언급한 것으로 부족사회에서 주변의 사물들과 다양한 재료들을 모아두고 있다가 수리에 사용하거나 새로운 물건의 필요가 있을 때 이용하는 것을 말한다. 한정된 재료와 파편들을 뒤섞어 활용하는 것을 말하는 브리콜리지를 하연섭(2003, 2006)은 '존속변형'으로 표현하고 있으나 본 연구에서는 브리콜리지 용어를 그대로 사용한다.

에 대응하기 위해 완전히 새로운 제도가 만들어지는 것이 아니라, 실패한 기존 제도를 보강(reinforcement)하는 제도 정교화(institutional refinement)를 통해 제도가 변화한다고 본다. 신념·규범·조직 등 과거 제도 유산이 제도 변화의 초기 상태를 구성하기 때문에, 새로운 제도는 과거 유산을 부분적으로 수정함으로써 만들어지게 된다. 기존 제도의 양태가 새로운 제도에 영향을 미치는 경로 의존적 성격이 여기에서도 나타난다.

제도 변화에 시간 개념을 고려한 오렌과 스카우로넥(Orren and Skowronek, 1994; 1996)은 복합체로서의 제도는 제도 형성의 '비동시성'(the nonsimultaneity of institutional origins)을 가진다고 본다. 제도의 구성 요소들은 계획에 의해 정치하게 설계된 것이 아니라, 그때그때의 필요에 따라 제도의 구성 요소가 첨부된 것으로 각기 다른 시기에 형성된 이질적 제도 요소들이 병존(intercurrence)하고 있는 것이다. 이에 따라 제도 요소들 간 비정합성이 생기게 되며, 각 요소들은 균열과 갈등의 관계에 놓인다.

이러한 제도 변화의 내생성은 점진적이고 완만한 변화를 통해 변형적 제도 변화(transformative results)을 가져온다고 스트리크와 델런(Streek and Thelen, 2005), 머호니와 델런(Mahoney and Thelen, 2009)은 보며, 제도 변화의 유형으로 층화(layering), 표류(drift), 대체(displacement), 전환(conversion)의 네 가지를 제시했다. 층화(layering)는 기존 제도에 새로운 요소들이 추가되어 기존 제도에 변화를 야기하는 것을 말하며, 표류(drift)는 기존 제도가 환경 변화에도 불구하고 변화하지 않음에 따라 당초 의도했던 방식으로 효과를 나타내지 못하는 경우를 나타낸다. 대체(displacement)는 기존 제도에서 억눌려 있던 요소들이 활성화되어 새로운 제도로 바뀌는 것을 의미하며, 전환(conversion)은 기존 제도가 외형은 유지하면서 새로운 목적이나 기능을 수행하는 것으로 바뀌는 것을 나타낸다.

2) 비정형 데이터와 제도 분석

본 연구에서는 앞서 제시한 제도의 내생적 변화 모습이 어떻게 구현되고 있는지를 전통적 사례 분석 방법에 비정형 데이터 분석을 접목해 분석하고자 한다. 제도 분석은 원인과 결과의 비선형적 관계, 역사적 원인의 중요성, 우연한 사건, 경로 의존적 전개로 인해 통계적 방법보다는 서술적 분석(narrative analysis) 방법으로 현상을 설명해왔다(하연섭, 2003: 261~266). 제도 변화에 대한 서술적 분석은 관측자의 기술에 대한 다른 연구자들로부터 광범위한 동의를 얻게 될 때에 연구의 객관성[6]을 확보하는 것으로 간주해왔다. 하지만, 객관성 확보의 노력에도 불구하고 서술적 분석이 역사적 세부 사항에만 중점을 둘 경우 단순한 기술(記述)이나 스토리텔링에 그칠 위험성을 안고 있다(하연섭, 2003: 266).

---

6 김웅진·김지희(2000: 11)은 이를 상호주관성(intersubjectivity) 또는 간주관성(間主觀性)으로 지칭한다.

제도 현상을 분석하기 위해서는 개인적 의도와 주관적 해석에 의존하게 된다. 특히 서술적 분석에 있어서 중요한 기준이 되는 시기 구분(periodization)은 외부경제 충격, 정권 교체와 같이 설명변수로 개념화할 수 있는 사건이나 과정[7]을 중심으로 이루어지게 되지만, 이러한 의도적 구분이 비교 가능한 것인가(Lieberman, 2001: 1017)에 대한 의구심을 갖게 된다. 역사적 사건 또는 현상이 시기 구분의 각 구간마다 균질하게 발현되지 않으며, 분석하는 설명변수의 영향력이 다르게 나타나기 때문이다.

이러한 어려움을 해소하고자 이 연구는 제도 분석에 컴퓨터 연산 방법을 추가할 수 있는 방안을 탐색한다. 언어적 표현으로 이루어진 역사적 현상을 최근 부각되고 있는 컴퓨터 연산 기술을 활용함으로써 서술적 분석 방법을 좀 더 정교화 한다. 또한 복합체적으로 결합되어 있는 제도 구성 요소를 시각화하는 노력을 통해 전체적인 변화의 양태를 용이하게 파악하고자 한다. 제도 분석의 기초가 되는 자료들은 정형(structured)적 성격보다는 비정형(unstructured)의 성격을 지닌다. 고정된 필드에 저장된 스프레드시트의 모습으로 자료들이 정리되어 있는 것이 아니라, 책자·로그 파일·연설문·신문 기사 등 정형화되지 않은 형태로 축적되어 있는 것이다. 특히 정보의 80% 정도는 텍스트 형식으로 저장되어 있다(Tan, 1999). 텍스트는 사회적

---

7 국내 연구의 경우에는 외환위기(김태은, 2012), 정권 교체(성지은·임채홍, 2005; 백승훈·박춘우, 2013), 특정 제도 시행(박용성·박춘선, 2011; 박진형, 2013) 등을 기준으로 제도를 분석한 바 있다.

사건에 인과적 효과를 야기하기도 하며, 사회적 대표성과 정체성을 표현한다(Fairclough, 2003: 8). 텍스트는 지식의 변화를 가져오기도 하고, 사회 구성원의 신념, 태도, 가치에 영향을 주기도 한다. 문서주의를 특징으로 하는 관료제에서도 텍스트는 중요한 정보자원이 된다. 요컨대, 텍스트와 같은 비정형의 데이터로부터 의미 있는 맥락을 컴퓨터 연산의 도움을 통해 찾아낼 수 있고, 이는 제도 분석 연구에 적용될 수 있는 가능성을 제시해준다.

3. 개인정보보호와 비정형 데이터

1) 개인정보보호제도

제도 구성 요소의 배열과 재결합을 비정형 데이터 분석을 통해 살펴보기 위해 이 연구는 정보통신기술의 발전에 따라 사회적 관심이 높아지고, 정책적 대응 요구가 증대되고 있는 개인정보보호제도를 분석 대상[8]으로 했다. 개인정보보호는 헌법상 자기정보결정권, 시장경제로서의 프라이버시[9] 등 다양한 사회제도와 관련이 있으며, 소위

---

8 이미 구축된 이론의 적용 타당성과 설명 능력을 새롭게 확인한다는 측면에서, 이 연구는 레이프하르트(Lijphart, 1971: 691~692)의 이론 검증용 사례 분석 (theory-confirming/theory-infirming case studies)이라 할 수 있다.

9 경제주체가 의사결정에 필요한 정보를 자유로이 가질 수 있다면 시장 효율성을

'프라이버시 패러독스(privacy paradox)'[10]로 의사결정의 불확실성, 애매모호, 복잡성, 행동편향 등의 특성을 내포하고 있다(Glossklags and Acquisti, 2007).

개인정보는 성명·주민등록번호 등에 의해 생존하고 있는 특정한 개인을 알아볼 수 있는 정보[11]를 말하는 것으로 '식별 가능한 개인에 관한 정보'[12]로 정의할 수 있다. 사회 환경 변화와 기술 발전에 따라 개인정보는 단순히 특정 개인을 분별하기 위한 정보에서 머물지 않고, 맞춤형 서비스 제공, 행정 효율성 제고, 개인 선호도 파악 등 여러 행정적·상업적·학문적 목적으로 폭넓게 이용되고 있다. 하지만

달성할 수 있다는 사고를 근간으로 하는 시카고 학파의 포스너(Posner, 1981) 는 개인정보보호는 기업이 필요로 하는 정보를 감출 수 있기 때문에 시장의 비효율성을 가져온다고 본다. 시카고 학파는 개인정보보호에 대한 정부 개입을 선호하지 않았다고 볼 수 있다. 시카고 학파 이후 프라이버시 경제학은 행동경제학 등에서 계속적으로 논의되게 된다(Acquisti and Glossklags, 2007).

10 프라이버시 패러독스란 사람들이 프라이버시에 대한 태도(attitude)와 행동 (behavior) 사이에 괴리가 있다는 것으로, 즉 이성적으로 판단할 때는 개인정보를, 실제 행동에 있어서는 개인정보보호를 위한 노력에는 인색하고 자신의 개인정보를 매우 작은 눈앞의 이득을 위해 쉽게 팔아버린다는 경향을 의미한다 (정보통신정책연구원, 2013: 40)

11 개인정보보호법 제2조 정보통신망 이용촉진 및 정보보호 등에 관한 법률 제2조.

12 OECD(2013)의 '개인정보가이드라인' 및 'EU개인정보보호지침'에서도 유사하게 정의하고 있다. 'EU개인정보호지침'은 1995년 '개인정보 처리에 관한 개인의 보호와 개인정보의 자유로운 이동에 관한 지침'(Directive 95/46/EC of the European Parliament and of the Council of 24 October 1995 on the protection of individuals with regard to the processing of personal data and on the free movement of such data)으로 마련되었다.

수집된 개인정보의 부당 사용 또는 무단유출[13]로 인해 개인의 권리와 이익이 침해되는 일이 계속적으로 발생함에 따라 이를 보호할 필요성이 지속적으로 제기되었다. 이에 따라 '공공기관의 개인정보보호에 관한 법률'이 1994년 최초로 제정되어 공공기관이 보유하는 개인정보에 대한 관리체계를 마련했고, 1995년에는 '신용정보의 이용 및 보호에 관한 법률'이 제정되어 신용정보제공 주체의 보호에 관한 내용을 포함했다. 1999년에는 '정보통신망 이용촉진 및 정보보호 등에 관한 법률(이하 '정보통신망법'이라 한다)'에서 정보통신서비스 제공자 및 준용사업자를 대상으로 온라인상에서의 개인정보보호를 강화하게 되었다. 2008년 3월에는 '정보통신망법'을 개정해 정보통신서비스 제공자는 방송통신위원회에서, 준용사업자는 행정안전부에서 개인정보보호 업무를 담당하도록 하였으며, 민간부문에서의 개인정보보호를 위해 개인정보침해 신고센터와 개인정보 분쟁조정위원회를 두도록 하였다.

하지만 개인정보보호에 관해 공공기관은 행정안전부, 민간부문은 방송통신위원회 등 법 소관 부처가 개별법에 따라 각기 관리·규제함

13 2008년 1월 중국인 해커가 옥션 서버 데이터베이스에 침입해 1080만 명의 개인정보를 탈취한 사건이 있었고, 2008년 9월에는 GS넥스테이션 직원이 회사 서버에 접속해 1125만 명의 고객정보를 불법 유출한 사고가 있었다. 2011년 7월에는 포털 사이트 네이트가 보유한 3500만 건의 개인정보가 유출되었고, 2014년 1월에는 KB카드, NH카드, 롯데카드의 1억 4000만 건의 고객정보가 시스템 개발 책임자로 일하던 용역업체 직원에 의해 유출되어 대출업자에게 매매되었다(개인정보보호위원회, 2015).

에 따라 개인정보보호 제도의 일관성이 결여되고 소규모 사업체 등 약 300만 사업자에 대한 사각지대가 발생하는 한계가 노정되었다(개인정보보호위원회, 2012). 이러한 문제점을 보완하기 위해 제17대 국회에서 3개의 개인정보보호 법률안이 의원 발의로 제출되었으나 처리되지 못했고, 제18대 국회에서는 두 개의 의원 발의안과 정부 제출 법률안이 논의되어 2011년 3월 '개인정보보호법'에 제정되었고, 2011년 9월 30일부터 시행되었다.

제정된 '개인정보보호법'은 350만 법 적용 대상자들이 수집·저장·관리·이용··제공·파기 등 개인정보의 처리 단계에 따라 개인정보보호 조치를 의무적으로 이행하도록 제도화했고, '개인정보영향평가제도, 개인정보 유출통지 및 신고, 분쟁조정 및 집단분쟁조정' 등의 제도가 도입되었다(김상광, 2011). 아울러 개인정보보호에 관한 사항을 심의·의결하기 위해 '개인정보보호위원회'가 대통령 직속으로 2011년 9월 말 설립되었다. '개인정보보호법'은 여러 부처가 소관하던 개인정보보호에 관한 규정들을 통합함으로써 분산 관리로 인한 법규제의 중복 가능성을 제거하고, 기존 제도들이 다루지 못했던 사각지대를 규범 대상으로 포함하고 있다는 점에서 진일보하다고 할 수 있다(성욱준, 2013).

2014년 1월, KB카드·NH카드·롯데카드의 개인정보 유출사고를 계기로 재발방지의 범정부 TF가 운영되었고, 2014년 7월 '개인정보보호 정상화 대책'이 발표되었다. 정상화 대책에서는 '징벌적 손해배상제' 및 '법정손해배상제도'를 새로이 도입하고, 개인정보 유출 등

범죄자에 대한 처벌기준과 유출기관에 대한 과징금을 상향시켰다. 아울러 주민등록번호 변경을 일정 요건하에서 허용하는 한편, 관련 법률 간 정합성을 높이도록 하였다. 아울러 개인정보보호위원회에 조사요구권을 부여하고 점검 권한을 신설하며, 개인정보 분쟁조정 위원회의 사무국 기능을 개인정보보호위원회로 이전했다.

한편 정보통신기술의 발전은 개인정보보호를 위한 새로운 제도의 필요성을 제기하고 있다. 스마트폰에서 활용하는 위치정보는 개인 정보 노출의 새로운 위험으로 야기하고 있으며, 소셜네트워크의 확대는 개인정보가 다른 사람들에게 의도하지 않게 전달될 가능성을 높였다. 클라우드 컴퓨팅과 빅데이터 기술은 다양한 데이터를 공유·활용할 수 있는 반면, 예기치 않았던 개인정보의 침해나 오·남용의 가능성도 높이고 있다. 데이터 활용과 개인정보보호를 균형 있게 조화시키는 기술적·제도적 논의가 정보통신기술 발전에 걸맞게 필요하게 된 것이다.

개인정보보호에 관한 그동안의 선행 연구들은 개인정보보호법 제정(2011년 3월)을 전후해 그 논의와 성격이 바뀌는 경향이 있어왔다. '개인정보보호법' 제정 이전의 연구들은 법에 포함될 규범적 내용과 체계와 관한 연구(황태정, 2006; 김상겸·김성준, 2008; 김정덕, 2008; 이자성, 2008; 양석진, 2009: 황태정,2009)가 다수였다면, 법 제정 이후에는 제도적 개선 사항과 원활한 시행에 관한 내용(김운석, 2011; 정혜영, 2011; 김재광, 2012; 손형섭, 2012; 배대헌, 2012; 이한주, 2012; 윤영철, 2012; 이병수 외, 2013; 이필재, 2014)이 다수 나타나게 된다. 또한, 인증 체계, 평가 제도와 지표, 물리적 시스템, 빅데이터 등에 관한 연구들도 진행되었다(김동례 외, 2011: 김명섭 외, 2011; 차건상 외, 2012; 김이랑 외, 2013; 성준호, 2013; 이창범, 2013; 최대선 외, 2013).

2) 비정형 데이터 연구 방법

개인정보보호 관련 제도의 내생적 변화 양태를 분석하기 위해 이 연구는 행정자치부[14]가 2008년부터 2015년[15] 사이에 제시한 개인정보 관련 보도자료 문건 135건[16]을 분석했다. 보도자료를 분석하기 위해 본 연구는 비정형 데이터 분석방법의 하나인 텍스트 마이닝 (text mining)기법을 활용하였다.

데이터는 정형화 정도에 따라 정형(structured) 및 비정형(unstructured) 데이터로 구분할 수 있다. 정형 데이터는 스프레드시트와 같이 고정된 필드에 저장된 데이터인 반면, 비정형 데이터[17]는 문서·이메일·메모·이미지·블로그와 같이 고정된 필드에 저장되어 있지

---

14 행정자치부의 전신인 당시 총무처 행정전산과에 1995년부터 '개인정보보호제도의 연구·개선 및 운영' 업무가 부과되었고, 이러한 기능은 행정자치부에 승계되었다.

15 2008년부터 2015년을 분석 기간으로 한 것은 자료 수집의 편의성을 고려한 것으로, 행정자치부는 홈페이지에서 2008년부터 보도자료를 제공하고 있다.

16 행정자치부 홈페이지 보도자료에서 '개인정보'을 검색어로 입력한 결과이다.

17 그라임스(Grimes, 2008)는 일상적으로 사용하는 정보의 80% 정도는 비정형 데이터로 본다.

않은 데이터를 말한다(Feldman and Sanger, 2007). 비정형 데이터를 분석하는 기법으로는 텍스트 마이닝(text mining), 오피니언 마이닝(opinion mining)[18], 소셜네트워크 분석, 군집 분석(cluster analysis) 등이 적용될 수 있다(조성우, 2011). 이 연구에서 사용한 텍스트 마이닝은 자연어 처리 기술을 기반으로 비정형 텍스트 데이터(unstructured text data)에 숨겨진 관계를 추출해 의미 있는 정보 또는 지식을 찾는 분석 기법이라 할 수 있다(Feldman and Dagan, 1995). 텍스트 마이닝은 데이터 마이닝, 자연어 처리, 정보검색, 토픽 추적 등 여러 분야의 기술을 종합적으로 활용하며, 문서 분류·문서 군집·정보 추출·문서 요약 등의 다양한 분야에 사용되고 있다. 자연어 처리의 대상이 되는 텍스트는 분석 목적에 따라 행렬, 계층, 벡터 등의 다양한 형태로 표현된다(현윤진 외, 2013). 텍스트 마이닝 기법은 인터넷에서의 감성 분석(안주영 외, 2015), 트위터 분석(배정환 외, 2013; 2014), 연구 동향 분석(송혜지 외, 2013; 김현정 외, 2014; 정용복·박의섭, 2015) 등에 활용되고 있으나, 정책학 분야에서는 그 활용이 높지 않은 상황이다.

텍스트 마이닝은 자료 정제(text refining)와 지식 추출(knowledge distillation)의 과정으로 구분해 진행된다(Tan, 1999). 자료 정제는 다양한 정보 소스에서 수집한 여러 형태의 텍스트를 중간 형태로 바꾸는 단계로서 자연어 처리, 웹문서의 경우 태그 제거, 불용어 처리, 구

---

18 오피니언 마이닝은 소셜미디어 등에서 나타난 긍정·중립·부정의 선호도를 판별하는 기법으로 소비자 반응 분석, 입소문 분석 등에 활용되고 있다.

두점 제거 등의 기술적 처리를 포함한다. 지식 추출 과정은 중간 형태의 문서에서 의미 있는 패턴과 지식을 유추해내는 과정으로 클러스터링, 분류, 문서 요약, 기계학습 등의 체계를 포함한다. 텍스트 마이닝 결과를 시각화하는 방법으로는 워드 클라우드(word cloud), 문서에 사용된 단어의 빈도 분석 등이 사용된다.

텍스트 마이닝을 위해 이 연구는 행정자치부 보도자료를 다운로드받아 텍스트(text) 파일로 변환했고, 이를 R프로그램[19]을 사용하여 보도자료에 표현되어 있는 형태소를 분석했다. 이후 불용어(stopword) 제거, 한 글자 단어 제외 등의 조치를 하였고, 이후 연도별 단어 빈도(term frequency)를 계산해 2008년을 기준으로 비교했다. 또한 다양하게 제시되는 단어들과의 관계와 특징을 파악하기 위해 다변량 기법인 대응 분석(correspondence analysis)[20]을 실시했다. 대응 분석은 다변량 범주 자료를 행(column)과 열(row)로 축소된 차원의 공간에 상대적 위치로 대응시켜서 자료를 도식화해 제시하는 탐색적 방법 중 하나이다(최용석, 2001).

---

19 R은 미국 벨랩에서 개발한 'S' 프로그래밍 언어로 데이터, 분석 함수, 분석 결과 등을 객체로 인지하는 데이터 분석용 객체지향 프로그래밍 언어이다. R에는 최신 통계 분석 기법들이 내장되어 시각화 기능도 제공해준다. R은 대용량 데이터 처리 분석을 위한 분산 컴퓨팅 오픈소스 소프트웨어 하둡을 지원하고 있다 (김재생, 2014).

20 분석을 위해 SPSS 18 프로그램을 사용했다.

4. 비정형 데이터 분석 결과

1) 기초 분석

2008년부터 2015년까지 행정자치부에서 발표한 보도자료 135개 문건[21]을 텍스트 마이닝 기법으로 정제해 분석한 결과, 총 2만 598개의 단어가 제시되었고 그중에서 중복·불용 단어를 제외한 분석 단어 수는 2732개였다. 가장 빈번하게 나타난 상위 30개는 〈그림 8-1〉과 같이 '개인정보보호, 공공기관, 사업자, 점검, 개인정보보호법, 교육, 강화, 유출, 주민등록번호, 가이드라인' 등으로 나타났다. 공공기관·기업, 컨설팅·점검, 보호·침해 등 반대적이며 이질적 요소가 결합되어 병존하고 있음을 보여준다. 주요 단어를 볼 때, 보도자료의 주요

〈그림 8-1〉 텍스트 마이닝으로 제시한 상위 30개 단어

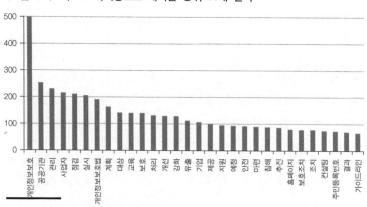

21 보도자료 본문 전체에 포함된 글자 수는 총 266,849개였다.

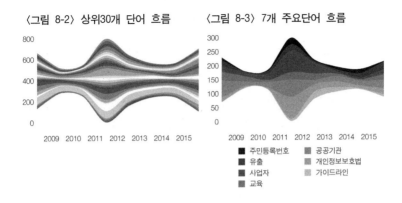

〈그림 8-2〉 상위30개 단어 흐름   〈그림 8-3〉 7개 주요단어 흐름

■ 주민등록번호   ■ 공공기관
■ 유출   ▩ 개인정보보호법
■ 사업자   ▨ 가이드라인
■ 교육

내용은 '공공기관 및 민간 사업자를 대상으로 개인정보 침해 및 유출
을 관리·점검하고 개인정보에 대한 교육을 실시'하는 한편, '개인정
보보호법 시행에 따른 계획을 마련'한 것으로 볼 수 있다. 아울러 '개
인정보보호에 대한 가이드라인을 마련하고 컨설팅을 지원'한 내용도
포함하고 있는 것으로 해석할 수 있다. 이러한 제도 내용을 중심으
로 행정자치부의 개인정보보호 제도가 존속했으며, 각 단어는 개인
정보보호제도의 하위 요소로서 복합체적으로 결합·배열되어 제도
를 구성하고 있었음을 보여준다.

상위 30개 단어의 연도별 흐름을 살펴보기 위해 스트림 그래프
(stream graph)로 〈그림 8-2〉와 〈그림 8-3〉과 같이 시각화했다. 〈그
림 8-2〉는 개인정보보호제도 구성 요소들의 증감 흐름을 나타내는
것으로, 구성 요소들이 복잡하게 배열되는 모습을 시각적으로 보여
주는 것이라 할 수 있다. 2009년 및 2010년에는 전체적인 단어 수가
줄어들다가 '개인정보보호법'이 제정된 2011년에 상대적으로 많이

등장하며, 2014년 이후 관련 단어 수가 다시 늘어난 것을 나타낸다. 〈그림 8-3〉은 개인정보보호법, 공공기관, 주민등록번호 등 주요단어 7개의 변화를 나타내는 것으로, 개인정보보호법·공공기관·사업자 단어의 경우 2011년에 큰 폭으로 늘어난 것을 보여준다. 이는 2011 년 개인정보보호법 제정으로 공공기관에서 민간 사업자까지 개인정 보보호제도 범위가 확대되었기 때문이다. 이에 반해 주민등록번호· 유출·교육의 단어는 연도별로 큰 변화 없이 사용된 것을 보여준다.

한편 시간 변화에 따라 얼마만큼 기존 제도가 존속되고, 새로운 구성 요소들이 덧붙여졌는지를 살펴보기 위해 2008년에 사용된 단 어를 기준으로 2009년 이후 단어 변화의 궤적을 비교·분석[22]하였다. 〈그림 8-4〉에서 볼 수 있듯이 2008년에 사용된 단어의 비율은 매년 점차 축소되어 2015년에는 2008년에 사용되었던 단어의 68.6%가 사용된 반면, 31.4%는 2008년에 사용되지 않았던 단어였다. 예컨대 2008년에는 등장하지 않았던, '개인정보보호협의회'[23], 스마트폰, 빅데 이터, 공유[24], 적정성 평가[25] 등의 용어가 새롭게 등장했고, 2008년에

---

22 2008년부터 2015년 사이에 최소 5회 이상 추출된 단어를 중심으로 분석했다.
23 개인정보보호협의회는 개인정보보호법 적용을 받는 350만 민간사업자가 참여해 개인정보보호 행사, 교육, 홍보, 정책건의 등의 활동을 하기 위해 2010년 12월 사 단법인으로 창립되었다.
24 정부3.0 추진에 따라 공공정보에 포함된 개인정보를 비식별화 조치한 이후 '개 방·공유'하고자 하는 의도적 노력이 2013년 이후부터 나타났다.
25 유럽연합 회원국이 회원국 시민의 개인정보가 역외 이전을 원칙적으로 금지하 는 한편, 개인정보 보호 수준이 적정하다고 판정한 국가의 기업에 한하여 역외

<그림 8-4> 연도별 새로운 단어의 등장 비율

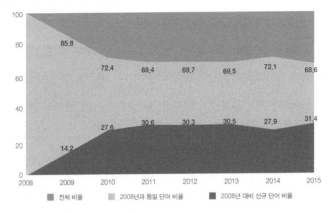

있었던 준용사업자[26], 정보통신망법 등의 단어는 행정자치부 보도자료에서는 점차 사용되지 않게 되었다. 서로 다른 국면에서 만들어지거나 도입된 제도 요소들이 공존하거나 마모되는 궤적을 보여준다.

구성 요소들은 2010년과 2011년을 기점으로 상대적 변화가 이루어졌으며, 2012년부터는 안정적 수준에서 유지되는 것을 볼 수 있다. 2010년과 2011년은 개인정보보호법 제정이 국회에서 추진되었

이전을 허용하고 있다. 이에 한국 기업의 EU에서의 영업 활동을 지원하기 위해 'EU 개인정보 보보수준 적정성평가'를 행정자치부에서 지원하기로 했다(행정자치부, 2015a)

26 준용사업자란 '정보통신망 이용촉진 및 정보보호 등에 관한 법률'에 따라 통신사업자에게 적용되던 개인정보보호 의무를 따르도록 한 사업자를 말한다. 준용사업자는 개인정보를 많이 취급하는 백화점, 할인점, 여행사, 자동차 판매업 등이 해당되었다. 개인정보보호법 제정 이후, 준용사업자는 개인정보보호법의 원칙과 기준을 따르도록 되었다.

던 시기[27]였으며, 개인정보 침해신고가 급증했던 시기[28]이기도 하다.

제도 구성의 하위 요소인 단어들은 제도 변화에 따라 새롭게 생성되기도 하고, 소멸하기도 한다. 아울러 단어가 유지된다는 것은 관련 제도가 유지되는 것으로 해석할 수 있다. 이러한 관점에서 볼 때 〈그림 8-4〉는 개인정보보호제도가 과거의 결정적 국면의 잔여물로서의 고착되어 있거나, 또는 과거 제도가 전면적으로 해체되고 새로운 제도로 급진적으로 대체(replacement)된 것이 아니라는 것을 반증한다. 아울러 개인정보 유출 사고에 따른 변화 요구에 대해 준비된 방식의 자기 학습 및 조정 과정을 통해 점진적으로 변화했다는 것을 보여주는 것이기도 하다. 제도의 새로운 구성 요소들이 기존 요소들과 완전히 분리되어 존속하는 것이 아니라, 기존 구성 요소들과 병존하면서 전체적인 제도 변화를 이끌어냈다고 할 수 있다.

2) 시기별 제도 변화와 존속

시기별 변화를 알아보기 위해 연도별 단어를 대응 분석(correspondent analysis)한 결과, 〈그림 8-5〉에서 볼 수 있듯이 기준점 0을 중심

---

27 개인정보보호법 제정이 2010년 4월부터 본격적으로 국회에서 논의되기 시작하여 2010년 9월 30일에 국회 행정안전위원회 전체회의를 통과하였고, 2011년 3월 11일에 국회 본회의에서 의결되었다.

28 개인정보 침해 신고건수는 2010년 5만 4832건에서 2011년 12만 2215건으로 122.8%가 급증하였다(국가정보원 외, 2015: 150)

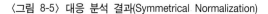

〈그림 8-5〉 대응 분석 결과(Symmetrical Normalization)

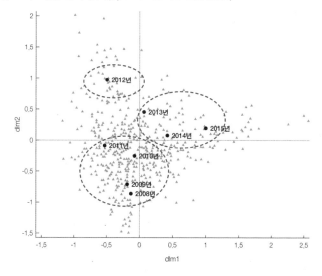

으로 '2008~2011년', '2012년' 및 '2013~2015년' 세 개 시기가 4사분

면에 구분되어 나타났다. 이러한 구분은 '개인정보보호법' 제정(2011년

3월) 및 시행(2011년 11월)이 제도 변화의 분기점이 된 것을 보여준

다. 이 구분에 따라 시기별 제도 변화 특징을 아래에서 설명한다.

(1) 제도 준비기(2008~2011년)

〈그림 8-6〉[29]에서 제시된 것과 같이 2008년부터 2011년까지는 각

기 다른 맥락과 권력관계에서 비동시적으로 생성된 '공공기관의 개

인정보보호에 관한 법률', '정보통신망법', '신용정보 이용 및 보호 등

---

29 〈그림 8-6〉은 〈그림 8-5〉의 3사분면에 해당하는 것을 확대해 표현한 것이다.

〈그림 8-6〉 제도 준비기(2008~2011년) 단어

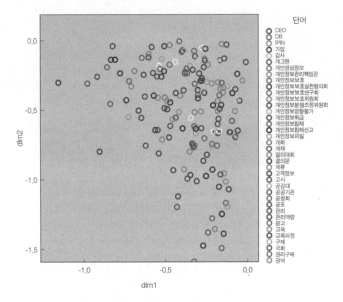

에 관한 법률' 등 제도가 병렬적으로 공존하던 시기이다. 2008년 이
전에는 제도의 주요 행위자였던 행정자치부와 정보통신부의 역할이
모호했으나, 이명박 정부 출범이후 개인정보보호 업무가 행정안전
부로 정리됨에 따라 행정안전부가 제도 선택 과정에 좀 더 영향력을
발휘하고 대안 제시를 주도하게 되었다(성욱준, 2013). 행정안전부로
기능 조정에도 불구하고, 관련 법률과 제도 운영은 소관 부처가 계
속 관장함에 따라 제도 간 갈등과 충돌의 여지를 안고 있었다.

이 기간 '공공기관, 민간기업, 교육, 홍보, 주민등록번호, IPIN, 준
용사업자, 자율진단, 국회, 개인정보보호실천협의회, 개인정보보호
연구회' 등이 주요 단어로 제시되었다. 기존 '정보통신망법'을 적용

받는 민간 사업자의 개인정보보호 인식 제고를 위해 집중적인 교육 및 홍보 활동을 전개하고, 종전 임의 단체로 운영되던 '개인정보보호 실천협의회'가 '개인정보보호협의회'로 전환되었다. 주민등록번호 이용 내역을 인터넷을 통해 확인할 수 있도록 되었으며, 인터넷상 주민등록번호 대체수단인 'IPIN' 서비스가 개발·보급되었다. 2010년 상반기 발생된 개인정보 대량유출사고를 계기로 100개 준용사업자를 대상으로 특별 점검이 이루어지기도 했다. 요컨대 이 시기는 개인정보보호법으로의 전환과 행정안전부로 권력 균형이 변화된 상황에서 구제도 요소와 신제도 요소가 병존하는 동시에, 제도 요소 간의 갈등이 잠재적으로 지속되던 시기이다.

(2) 제도 시행기(2012년)

2012년은 개인정보보호법의 본격적 시행으로 공공부문뿐만 아니라 민간부문까지 개인정보보호 체계가 마련됨에 따라 새로운 제도를 알리고 민간의 협력을 제고하는 노력이 주로 이루어졌다. 〈그림 8-7〉[30]을 볼 때, 2012년에는 '개인정보보호법, 가이드라인, 보호조치, 범국민운동본부, 기술지원센터, 지역, 캠페인, 택배' 등이 주요 단어로 제시되었고, 'CCTV, 뉴미디어, 백신프로그램' 등이 강조되어 사용되기 시작한다.

민간의 자율적 개인정보보호 노력을 체계화하기 위해 민간자율

---

30 〈그림 8-7〉은 〈그림 8-5〉의 2사분면에 해당하는 것을 확대해 표현한 것이다.

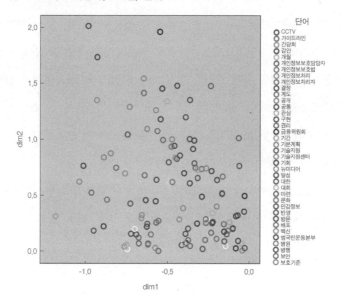

〈그림 8-7〉 제도 시행기(2012년) 단어

규제기구인 '개인정보보호 범국민운동본부'가 2012년 3월 출범해 분야별 주요 사업자단체간의 자율규제 협약이 체결되었고, 전국 주요 지역에서 대국민 개인정보보호 캠페인이 추진되었다. 아울러 개인정보보호에 취약한 중소 사업자, 소상공인 등에 대해서는 '기술지원센터'를 통해 컨설팅을 실시하는 한편, 백신소프트웨어를 무상으로 지원하였다. 2012년 9월에는 택배 수취인에 대한 개인정보보호 활동이 택배서비스 업체에서 이루어졌고, 의료기관·학원 등 개인정보 취급이 많은 민간사업자들이 준수해야 하는 가이드라인이 제공되었다. 또한, 스마트폰, 클라우드 컴퓨팅 등 뉴미디어를 제공하는 민간 사업자와 이를 이용하는 사용자가 지켜야할 개인정보보호 사항을 가이드라인으로 제시했고, CCTV 설치·운영 시 준수해야 하는 내용을 CCTV 제조 업체와 설치 업체를 대상으로 확산하는 노력이 추진되었다. 2012년은 개인정보보호법 시행에 따라 민간부문이 준수해야 할 개인정보보호 준수사항을 사회적·지역적으로 스며들게 하고, 계도하는 시기였다고 할 수 있다.

(3) 제도 정합기(2013~2015년)

2013년부터 2015년에는 개인정보보호법 제정으로 새로 도입된 제도와 현실과의 부조화를 메우고, 제도 간 정합성을 어떻게 제고할 것인가에 대한 논의가 집중되었다. 이 기간 '단속, 현장점검, 징벌적, 법정주의, 정상화대책, 종합지원포털, 합동점검, TF, 빅데이터, 적정성평가' 등의 단어가 〈그림 8-8〉[31]과 같이 제시되었다.

2014년 1월, KB카드 등 신용카드 3사의 1억 4000만 건 개인정보 불법 유출을 계기로 범정부 TF가 구성되었고, 개인정보 보유기관을 대상으로 현장 점검이 이루어졌다. 개인정보 유출로 인한 국민들의 피해와 구제의 불일치를 해소하고, 유출 기업에 대한 책임성을 강화하기 위해 '징벌적 손해배상제도'가 도입되고, 주민등록번호는 법령에 근거가 있는 경우에만 수집이 가능하도록 하는 법정주의가 시행되었다.

법령 간 정합성을 확보하기 위한 개선도 이루어졌다. 현장에서의 법 적용 혼란과 사각지대가 발생하지 않도록 개인정보보호법, 정보

---

31 〈그림 8-8〉은 〈그림 8-5〉의 1사분면에 해당하는 것을 확대해 표현한 것이다.

〈그림 8-8〉 제도 정합기(2013~2015년) 단어

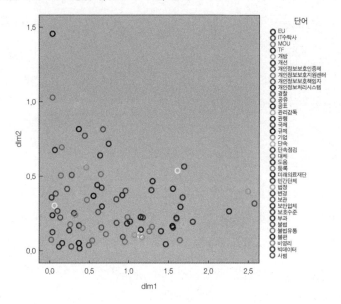

통신망법, 신용정보법 등 관련 법률의 정비를 추진하였다. 일반법인 개인정보보호법과 상충되는 규정과 벌칙 수준을 정비해 법률 간 정합성을 유지하기로 했다(국무조정실, 2014). 행정자치부와 방송통신위원회가 각기 운영하고 있던 개인정보보호 인증제도의 통합도 추진되었다(이은미·조현석, 2016).

한편, 개인정보 보호에 중점을 두던 정책 관점에서 개인정보보호와 활용을 균형 있게 접근하자는 논의가 진행되었다. 정부 3.0, 빅데이터, 공공데이터 개방 등에서 개인정보의 활용 필요성에 대한 요구가 나타나게 된다(김기환·윤상오, 2015; 윤상오·김기환, 2016; 한주희·주창범, 2015). 개인정보가 포함된 공공정보의 경우 가명처리·범주화·

마스킹 등의 방법을 통해 비식별화 처리 후 개방·공유하고, 개인정보가 포함된 빅데이터를 분석할 경우에는 수집 목적 범위 내에서만 분석하도록 가이드라인이 마련되었다(안전행정부, 2013).

개인정보보호에 대한 국제적 수준 간의 정합성을 높이기 위한 새로운 제도 도입도 추진되었다. EU가 요구하는 수준으로 한국 기업의 개인정보보호 수준을 높일 필요성이 제기됨에 따라, EU로부터의 'EU 개인정보보호 적정성평가' 승인을 시도하고 국제 기준에 맞춘 개인정보보호법 개정을 추진한다.

5. 함의 및 시사점

분석 대상 자료가 무한대로 축적되고 있는 빅데이터 시대의 도래는 사회과학 연구에 있어서 새로운 도전이자 기회이다. 자료 규모가 거대해 연구자의 지적 능력에만 의존하기에는 한계가 있으며, 자료 구성 역시 복잡하고 다양하여 더 높은 수준의 연구 통찰력을 요구한다. 빅데이터 시대에 걸맞은 자료 탐색, 연구 방법을 모색해야 하는 것이다. 그러한 의미에서 이 연구는 제도 연구에 있어서 텍스트 마이닝의 컴퓨터 연산 방법이 활용 가능한 것인가를 탐색적으로 적용했다. 텍스트 마이닝 방법으로 개인정보보호제도의 내생적 변화를 추적했고, 이를 시각화하는 노력을 통해 동태적 양태를 묘사했다. 연구 주관성에 의존할 수 있는 시기 구분을 좀 더 객관적 방식으로 개념화하는 방안도 시도했다. 비정형 데이터 분석을 통해 제도 분석의 탈주관화에 근접할 수 있는 방안을 찾고자 한 것이다.

컴퓨터 연산의 도움으로 제도 변화 이론의 적용 범주를 확대했으나, 이 연구는 다음과 같은 한계를 안고 있다. 개인정보보호제도의 변화를 공개된 자료를 바탕으로 2008년 이후부터 분석했으나, 제도의 초기 형성 과정을 구체적으로 제시하지 못했다. 제도 운영의 공급자만을 연구 대상으로 하여, 제도 수요자들의 인식을 간과했다. SNS, Twitter 등의 비정형데이터를 통해 제도 수요자들의 인식조사가 추가되어야 할 것이다. 또한 개인정보보호제도의 단일 사례에 대한 분석이 이론 검증용 사례 분석(Lijphart, 1971: 691~692)으로서 의미를 가질 수 있지만, 통칙적 분석을 위해서는 유사한 사례와의 교차 분석도 필요하다고 할 것이다. 아울러 제도가 규칙·법률과 같은 공식적인 것뿐만 아니라 규범·가치체계·신념과 같은 비공식적 속성을 지닌다고 볼 때, 텍스트 마이닝 분석이 기초가 되는 단어를 제도 구성 요소로 볼 수 있는가에 대해서는 향후 계속적인 논의와 연구가 진행되어야 할 것이다.

여러 한계점이 있지만, 이 연구는 '다른 방법'을 통한 접근으로서 기존 제도 분석에 대한 대안적·보강적 방안을 제시할 수 있다고 본다. 빅데이터에서의 다른 접근이 사회과학의 서술적·해석적 전통과 조화되어 제도 연구에 기여할 수 있기를 기대한다.

참고문헌

개인정보보호위원회. 2012.「2012 개인정보보호 연차보고서」.

_____. 2013.「2013 개인정보보호 연차보고서」.

_____. 2014.「2014 개인정보보호 연차보고서」.

구태언. 2012.「개인정보 보호법의 제문제」.≪법학평론≫, 3(단일호), 66~97쪽.

국가정보원 외. 2015.『2015 국가정보보호백서』.

국무조정실. 2014.「개인정보보호 정상화 대책(2014.7.31)」.

김기환·윤상오. 2015.「개인정보는 보호만 할 것인가?」.≪한국지역정보화학회지≫, 18(3), 65~93쪽.

김동례·심기창·전문석. 2011.「개인정보보호법을 대비한 개인정보보호 시스템에 관한 연구」.≪정보보호학회지≫, 21(6), 15~22쪽.

김명섭·노봉남·김용민. 2011.「개인정보보호법 기반 개인정보 수준측정 점검모델」.≪한국정보과학회 한국컴퓨터종합학술대회 논문집≫, 38(1), 118~121쪽.

김상겸·김성준. 2008.「정보국가에 있어서 개인정보보호에 관한 연구-공공부문을 중심으로 독일의 법제와 비교하여」.≪세계헌법연구≫, 14(3), 87~116쪽.

김상광. 2011.「개인정보보호법의 제정과 정책과제」.≪한국정책학회 춘계학술발표논문집≫, 단일호, 559~578쪽.

김용대·조광현. 2013.「빅데이터와 통계학」.≪한국데이터정보과학회지≫, 24(5), 959~974쪽.

김운석. 2011.「개인정보보호 2.0 시대의 개인정보보호법 개관」.≪법학연구≫, 22(2), 9~42쪽.

김웅진. 1994.「방법론의 이론 종속성과 이론의 방법론 종속성: 연구방법론의 성화와 지식의 화석화」.≪한국정치학회보≫, 27(2), 165~179쪽.

김웅진·김지희. 2000.『비교사회연구방법론』. 한울.

김이랑·심미나·임종인. 2013.「개인정보영향평가 자격기준의 문제분석과 개선방안 연구」.≪정보보호학회논문지≫, 23(1), 127~142쪽.

김재광. 2012. 「개인정보보호법에 관한 새로운 법적 문제」. ≪강원법학≫, 36, 95~120쪽.

김재생. 2014. 「빅데이터 분석 기술과 활용사례」. ≪한국콘텐츠학회지≫, 12(1), 14~20쪽.

김정덕. 2008. 「개인정보보호를 위한 관리체계와 거버넌스」. ≪정보보호학회지≫, 18(6), 1~5쪽.

김태은. 2009. 「제도의 변화와 지속요인에 관한 연구: 한국의 법조인력양성제도를 중심으로」. ≪한국행정학보≫, 43(2), 45~72쪽.

_____. 2011. 「두 가지 환류, 그리고 내생적 제도변화」. ≪한국행정학보≫, 45(2), 27~56쪽.

_____. 2012. 「제도의 유사성과 이질성의 원인에 관한 연구, 적기시정조치제도를 중심으로」. ≪한국행정학보≫, 46(4), 233~263쪽.

김현정·조남옥·신경식. 2014. 「항공산업 미래유망분야 선정을 위한 텍스트 마이닝 기반의 트렌드 분석」. 『한국지능정보시스템학회 2014년 추계학술대회 자료집』, 194~202쪽.

박용성·박춘섭. 2011. 「민간투자 사업 최소수입보장(MRG) 제도의 경로변화 연구: 경로의존모델에 따른 경로시작과 점진적 경로진화」. ≪한국정책학회보≫, 20(1), 243~268쪽.

박진형. 2013. 「대학평가정책 변화과정에 대한 신제도주의 분석」. ≪교육연구논총≫, 34(2), 79~102쪽.

배대헌. 2012. 「잰걸음으로 나선 개인정보보호법을 보완하는 논의」. ≪IT와 법연구≫, 6권, 1~33쪽.

배정환·손지은·송민. 2013. 「텍스트 마이닝을 이용한 2012년 한국대선 관련 트위터 분석」. ≪지능정보연구≫, 19(3), 141~156쪽.

배정환·한남기·송민. 2014. 「토픽 모델링을 이용한 트위터 이슈 트래킹 시스템」. ≪지능정보연구≫, 20(2), 109~122쪽.

백승훈·박춘우. 2013. 「한국 가족정책의 경로의존성 분석: 제도형성 및 변화를 중심으로」. ≪한국지방자치연구≫, 15(1), 157~179쪽.

성욱준. 2013. 「개인정보보호법 입법과정에 관한 연구」. ≪한국정책학회보≫, 22(2), 151~179쪽.

성준호. 2013. 「빅데이터 환경에서 개인정보보호에 관한 법적 검토」. ≪법학연구≫, 21(2), 307~333쪽.

성지은·임채홍. 2005. 「지방채 제도의 역사적 형성과 진화과정 분석」. ≪행정논총≫, 43(1), 163~194쪽.

손형섭. 2012. 「개인정보 보호법의 특징과 앞으로의 방향: 업계의 반응에 대한 몇 가지 대안을 중심으로」. ≪언론과 법≫, 11(1), 93~123쪽.

송혜지 외. 2013. 「텍스트마이닝 기법을 활용한 한국의 경제연구 동향 분석」. 『한국정보관리학회 학술대회 논문집』, 47~50쪽.

안전행정부. 2013. 「공공정보 개방·공유에 따른 개인정보 보호 지침」.

안주영 외. 2015. 「텍스트 마이닝을 이용한 감정 유발 요인 'Emotion Trigger'에 관한 연구」. ≪지능정보연구≫, 21(2), 69~92쪽.

양석진. 2009. 「정보공개법과 개인정보보호법의 법체계 정합성 고찰」. ≪법학연구≫, 33, 429~454쪽.

윤상오·김기환. 2016. 「빅데이터 시대의 한국과 영국간 개인데이터 활용정책 비교 연구」. ≪한국정책과학학회보≫, 20(1), 29~56쪽.

윤영철. 2012. 「개인정보 보호법의 문제점과 개선방안에 관한 고찰」. ≪과학기술법연구≫, 18(2), 105~160쪽.

이병수 외. 2013. 「금융권 개인정보 활용 실태와 개인정보보호법 시행에 따른 IT 컴플라이언스 준수방안 연구」. ≪정보보호학회지≫, 23(1), 35~43쪽.

이은미·조현석. 2016. 「개인정보보호 정책의 경로의존성에 관한 탐색적 연구」. ≪한국정책과학학회보≫, 20(1), 57~88쪽.

이자성. 2008. 「한국 지방정부의 개인정보보호 제도화에 관한 연구」. ≪한국지역정보화학회지≫, 11(4), 81~108쪽.

이재현. 2013. 「빅데이터와 사회과학」. ≪커뮤니케이션 이론≫, 9(3) 127~165쪽.

이창범. 2013. 「개인정보보호법제 관점에서 본 빅데이터의 활용과 보호 방안」. ≪법학논총≫, 37(1), 509~559쪽.

이필재. 2014. 「개인정보보호법과 관련 법률의 체계문제」. ≪한국위기관리논집≫, 10(1), 81~103쪽.

이한주. 2012. 「의료영역에서의 개인정보보호의 문제점과 해결방안」. ≪한국의료법학회지≫, 20(2), 267~293쪽.

정보통신정책연구원. 2013. 「온라인 프라이버시에 대한 철학적 배경과 산업적 접근」. ≪정책연구≫, 13(50), 1~102쪽.

정용복·박의섭. 2015. 「텍스트 마이닝을 이용한 암반공학분야 SCI 논문의 주제어 분석」. ≪터널과 지하공간≫, 25(4), 303~319쪽.

정혜영. 2011. 「개인정보보호법의 내용과 체계에 관한 분석」. ≪공법학연구≫, 12(4), 407~435쪽.

조성우. 2011. 「Big Data 시대의 기술」. 『KT 종합기술원』, 1~8쪽.

차건상·한호현·신용태. 2012. 「개인정보보호법의 자율규제 확보를 위한 효과적인 개인정보관리체계 인증제」. ≪정보통신≫, 39(3), 276~281쪽.

최대선 외. 2013. 「빅데이터 개인정보 위험 분석 기술」. ≪정보보호학회지≫, 13(2), 56~60쪽.

최용석. 2001. 『SAS 대응분석의 이해와 응용』. 자유아카데미.

하연섭. 2002. 「신제도주의의 최근경향」. ≪한국행정학보≫, 36(4), 339~359쪽.

_____. 2003. 『제도분석: 이론과 쟁점』. 다산출판사.

_____. 2006. 「신제도주의의 이론적 진화와 정책연구」. ≪행정논총≫, 44(2), 217~246쪽.

하태수. 2010. 「경로 변화의 양태: 경로의존, 경로진화, 경로창조」. ≪한국행정학회 동계학술발표논문집≫, 1~16쪽.

한주희·주창범. 2015. 「전자정부시대와 시민들의 정책참여: 박근혜 정부의 '정부 3.0'을 중심으로」. ≪한국정책과학학회보≫, 19(3), 117~144쪽.

행정자치부. 2015a. 「보도자료: 국내 개인정보 보호 수준, 국제적 기준에 맞춘다 (2015.12.15.)」.

현윤진 외. 2013. 「텍스트 분석을 활용한 국가 현안 대응 R&D 정보 패키징 방법론」. *Journal of Information Technology Applications & Management*, 20(3),

231~257쪽.

황태정. 2006. 「개인정보보호법제 체계의 입법적 개선방향」. ≪형사정책연구소식≫, 96, 32~37쪽.

_____. 2009. 「통합 개인정보보호법안의 입법체계 검토」. ≪형사정책연구≫, 77, 613~644쪽.

Acquisti, A. and Glossklags, J. 2007. "What can behavioral economics teach us about privacy?" in A. Acquisti, S. Capitini(eds.), *Digital Privacy: Theory, Technologies and Practice*. Auerbach Publications.

Alexander, Gerard. 2001. "Institutions, path dependence, and democratic consolidation." *Journal of theoretical politics*, 13(3), pp. 249~269.

Amable, Bruno, Ekkehard Ernst and Stefano Palombarini. 2005. "How do financial markets affect industrial relations: an institutional complementarity approach." *Socio-Economic Review*, 3(2), pp. 311~330.

Amable, Bruno. 2000. "Institutional complementarity and diversity of social systems of innovation and production." *Review of International Political Economy*, 7(4), pp. 645~687.

Berry, David M. 2011. "The computational turn: Thinking about the digital humanities." *Culture Machine*, 12.

Campbell, John L. 1998. "Institutional analysis and the role of ideas in political economy." *Theory and society*, 27(3), pp. 377~409.

_____. 2005. "Where do we stand." *Social movements and organization theory*, pp. 41~48.

_____. 2007. "The rise and transformation of institutional analysis." *International Center for Business and Politics*.

_____. 2010. "Institutional reproduction and change." *The Oxford handbook of comparative institutional analysis*, pp. 86~115.

Fairclough, Norman. 2003. *Analysing discourse: Textual analysis for social research*. Psychology Press.

Feldman, Ronen and Ido Dagan. 1995. "Knowledge Discovery in Textual Databases(KDT)." KDD, 95, pp. 112~117.

Feldman, Ronen and James Sanger. 2007. *The text mining handbook: advanced approaches in analyzing unstructured data*. Cambridge University Press.

Greif, Avner and David D. Laitin. 2004. "A theory of endogenous institutional change." *American Political Science Review*, 98(4), pp. 633~652.

Greif, Avner. 2006. *Institutions and the path to the modern economy: Lessons from medieval trade*. Cambridge University Press.

Grimes, Seth. 2008. "Unstructured data and the 80 percent rule." Carabridge Bridgepoints.

Grossklags, Jens and Alessandro Acquisti. 2007. "When 25 Cents is Too Much: An Experiment on Willingness-To-Sell and Willingness-To-Protect Personal Information." *WEIS*.

Hall, Peter A. and Rosemary CR Taylor. 1996. "Political science and the three new institutionalisms." *Political studies*, 44(5), pp. 936~957.

Höpner, Martin. 2005. "What connects industrial relations and corporate governance? Explaining institutional complementarity." *Socio-Economic Review*, 3(2), pp. 331~358.

IDC. 2014. "The digital universe of opportunities: rich data and the increasing value of the internet of things."

Krasner, Stephen D. 1984. "Approaches to the state: Alternative conceptions and historical dynamics." *Comparative Politics*, 16(2), pp. 223~246.

Lazer, David et al. 2009. "Life in the network: the coming age of computational social science." *Science*, 323(5915).

Lieberman, Evan S. 2001. "Causal Inference in Historical Institutional Analysis A Specification of Periodization Strategies." *Comparative Political Studies*, 34(9), pp. 1011~1035.

Lijphart, Arend. 1971. "Comparative politics and the comparative method." *American political science review*, 65(3), pp. 682~693.

Mahoney, James and Kathleen Thelen. 2009. *Explaining institutional change: ambiguity, agency, and power.* Cambridge University Press.

Mahoney, James. 2000. "Path dependence in historical sociology." *Theory and society*, 29(9), pp. 507~548.

Manovich, Lev. 2011. "What is visualisation?" *Visual Studies*, 26(1), pp. 36~49.

North, Douglass C. 2005. *Understanding the process of institutional change.* Princeton, NJ: Princeton UniversityPress..

OECD. 2013. "OECD guidelines governing the protection of privacy and transborder flows of personal data."

Orren, Karen and Stephen Skowronek. 1994. "Beyond the iconography of order: notes for a new institutionalism." *The dynamics of American politics: Approaches and interpretations.*

_____. 1996. "Institutions and intercurrence: theory building in the fullness of time." *Nomos*, 38, pp. 111~146.

Pierson, Paul. 2000. "Increasing returns, path dependence, and the study of politics." *American political science review*, 94(2), pp. 251~267.

Posner, Richard A. 1981. "The economics of privacy." *The American economic review*, 71(2), pp. 405~409.

Skowronek, Stephen. 1995. "Order and change." *Polity*, 28(1), pp. 91~96.

Streeck, Wolfgang and Kathleen Thelen. 2005. *Beyond continuity: Institutional change in advanced political economies.* Oxford University Press.

Tan, Ah-Hwee. 1999. "Text mining: The state of the art and the challenges." Proceedings of the PAKDD 1999 Workshop on Knowledge Disocovery from Advanced Databases(8: pp. 1~6).

지은이

조현석

현재 서울과학기술대학교 행정학과 교수로이다. 서울대학교 외교학과에서 정치학 학사, 석사, 박사학위를 취득했다. 미국 인디애나대학교(블루밍턴 캠퍼스)와 플로리다주립대학교에서 방문학자로 연구했다. 주요 관심 분야는 과학기술·IT 국제정치이며 최근에는 (빅)데이터의 국제정치경제적 함의와 신흥안보로서의 사이버안보에 대해 연구하고 있다. 주요 저서로는 『복합세계정치론』(공저), 『빅데이터와 위험정보사회론』(공저), 『빅데이터 시대의 기회와 위험』(공저) 등이 있다.

이광석

현재 서울과학기술대학교 IT정책대학원 디지털문화정책학과 교수이다. 중앙대학교 경영대학를 졸업하고 텍사스(오스틴)대학교에서 Radio, Television & Film 전공으로 박사학위를 취득했다. 주요 관심사는 기술철학과 기술이론, 정보커먼즈 연구, 청년 테크노문화연구이며, 주요 저서로는 『뉴아트행동주의』, 『사이방가르드』, 『디지털 야만』, 편저로는 『불순한 테크놀로지』, 공저로는 『현대 기술미디어 철학의 갈래들』 외 다수가 있다.

윤상오

현재 단국대학교 공공관리학과 교수이다. 한양대학교 행정학과를 졸업하고 동 대학에서 박사학위를 받았다. 한국전산원(現 한국정보화진흥원) 선임연구원을 거쳤으며, 네브라스카주립대학교 Global Digital Governance Lab. 방문교수를 역임했다. 주요 관심 분야는 전자정부, 정보화정책 등이며 주요 저서로는 『빅데이터와 위험정보사회』(공저), 『빅데이터 시대의 기회와 위험』(공저), 『스마트 시대의 위험과 대응방안』(공저), 『같은 방향, 다른 행로?: 중앙부처간 갈등과 협력사례』(공저), 『정보통신기술과 행정』(공저) 등이 있다.

김상민

현재 서울대학교, 서울과학기술대학교, 성신여자대학교에 출강하고 있다. 한국과학기술원 산업디자인학과에서 학사, 서울대학교 미학과에서 석사, 미국 조지메이슨대학교 문화연구 프로그램에서 박사학위를 취득했다. 주 관심 분야는 기술문화연구, 뉴미디어 미학, 대중예술, 청년문화 등이며, 주요 저서로는 『디지털 자기기록의 문화와 기술』, 『속물과 잉여』(공저), 『불순한 테크놀로지』(공저) 등이 있다.

김동원

현재 전국언론노동조합 정책국장으로 재직 중이다. 한국외국어대학교 신문방송학과를 졸업하고 동 대학에서 박사학위를 취득했으며, 공공미디어연구소에서 연구팀장, 정책팀장을 역임, 현재는 한국 종합예술학교 영상원에서 강의하고 있다. 주요 관심 분야는 미디어 정치경제학, 미디어 노동, 미디어 정책이며, 주요 논문으로는 「이용자를 통한 미디어 자본의 가치창출」, 주요 저서로는 『누가 문화자본을 지배하는가』(공저), 주요 역서로는 『크레디토크라시: 부채의 지배와 부채거부』(공저) 등 이 있다.

김기환

현재 서울과학기술대학교 행정학과 교수이다. 연세대학교 행정학과를 졸업하고 인디애나대학교에 서 행정학 박사학위를 취득하였다. 주요 관심 분야는 정보화정책, 전자정부, 환경정책 등이며, 주요 저서로 『빅데이터와 위험정보사회』(공저), 『스마트시대의 위험과 대응방안』(공저), 『스마트지능정 보시대 혁신을 위한 정책』(공저) 등이 있다.

성욱준

현재 서울과학기술대학교 IT정책전문대학원 교수이다. 고려대학교 정치외교학과를 졸업하고 서울 대학교 행정대학원에서 행정학 석·박사 학위를 취득했다. 주요관심사는 IT융합정책, 정책이론, 정 책분석이며, 주요 논문으로는 "A Study of the Digital Divide in the Current Phase of the Information Age", "An Empirical Study on Korea's Telecommunication Policy", "The use of smart work in government: Empirical analysis of Korean experiences", 저서로 『스마트위험사회와 정보 정책』, 『빅데이터 시대의 기회와 위험』(공저) 등이 있다.

이은미

현재 연세대학교 사회과학연구소 전문연구원으로 재직 중이다. 이화여자대학교 경제학과를 졸업하 고 연세대학교에서 행정학 박사 학위를 취득했다. 주요 관심 분야는 정보화정책, 의사결정론, 도시· 지방행정 등이며, 주요 저서로 『빅데이터 시대의 기회와 위험』(공저), 『스마트지능정보시대 혁신을 위한 정책』(공저) 등이 있다.

한울아카데미 2017

데이터 사회의 명암

ⓒ 이광석 외, 2017

지은이 Ⅰ 이광석·조현석·윤상오·김상민·김동원·김기환·성욱준·이은미
펴낸이 Ⅰ 김종수
펴낸곳 Ⅰ 한울엠플러스(주)

편집책임 Ⅰ 김경희
편   집 Ⅰ 최은미

초판 1쇄 인쇄 Ⅰ 2017년 8월 21일
초판 1쇄 발행 Ⅰ 2017년 8월 31일

주소 Ⅰ 10881 경기도 파주시 광인사길 153 한울시소빌딩 3층
전화 Ⅰ 031-955-0655
팩스 Ⅰ 031-955-0656
홈페이지 Ⅰ www.hanulmplus.kr
등록번호 Ⅰ 제406-2015-000143호

Printed in Korea.
ISBN 978-89-460-7017-2 93330

이 책은 2014년 정부(교육부)의 재원으로 한국연구재단의 지원을 받아 수행된 연구임(NRF-2014S1A3A2044645).